·暨南大学本科教材资助项目·

金融工程计算实验

Advanced Modelling and Computational
Experiments in Financial Engineering

高级教程

殷炼乾 著

暨南大学出版社
JINAN UNIVERSITY PRESS

中国·广州

图书在版编目（CIP）数据

金融工程计算实验高级教程/ 殷炼乾著. —广州：暨南大学出版社，2022.12
ISBN 978 - 7 - 5668 - 3528 - 4

Ⅰ. ①金… Ⅱ. ①殷… Ⅲ. ①金融—计算—高等学校—教材 Ⅳ. ①F830.9

中国版本图书馆 CIP 数据核字（2022）第 192319 号

金融工程计算实验高级教程
JINRONG GONGCHENG JISUAN SHIYAN GAOJI JIAOCHENG
著　者：殷炼乾

出 版 人：张晋升
责任编辑：曾鑫华　张馨予
责任校对：刘舜怡　黄亦秋
责任印制：周一丹　郑玉婷

出版发行：暨南大学出版社（511443）
电　　话：总编室（8620）37332601
　　　　　营销部（8620）37332680　37332681　37332682　37332683
传　　真：（8620）37332660（办公室）　37332684（营销部）
网　　址：http：//www.jnupress.com
排　　版：广州市天河星辰文化发展部照排中心
印　　刷：广东信源文化科技有限公司
开　　本：787mm×1092mm　1/16
印　　张：8.25
彩　　插：2
字　　数：190 千
版　　次：2022 年 12 月第 1 版
印　　次：2022 年 12 月第 1 次
定　　价：29.80 元

最优抽样次数选择

期权价格

蒙特卡洛模拟次数

—— 算术亚式看涨　　—— 几何亚式看涨　　—— 平均执行价格亚式看涨

最优抽样次数选择

期权价格

蒙特卡洛模拟次数

—— 算术亚式看跌　　—— 几何亚式看跌　　—— 平均执行价格亚式看跌

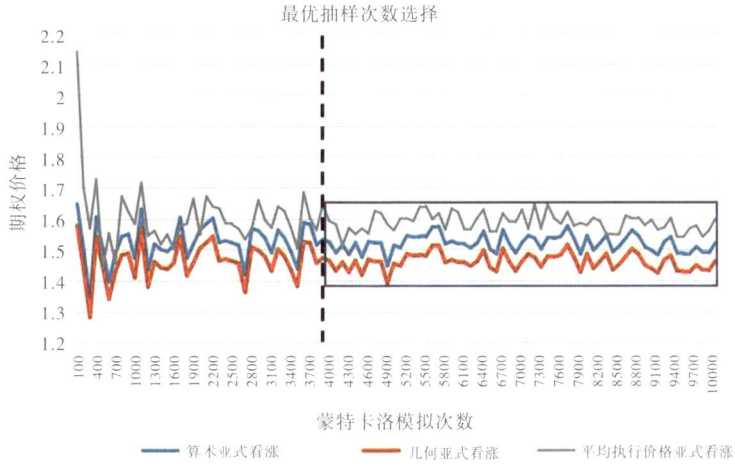

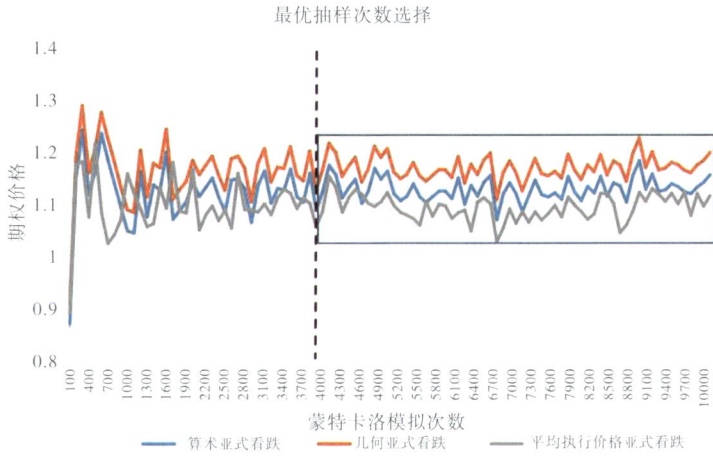

看涨期权价格线（上）和看跌期权价格线（下）

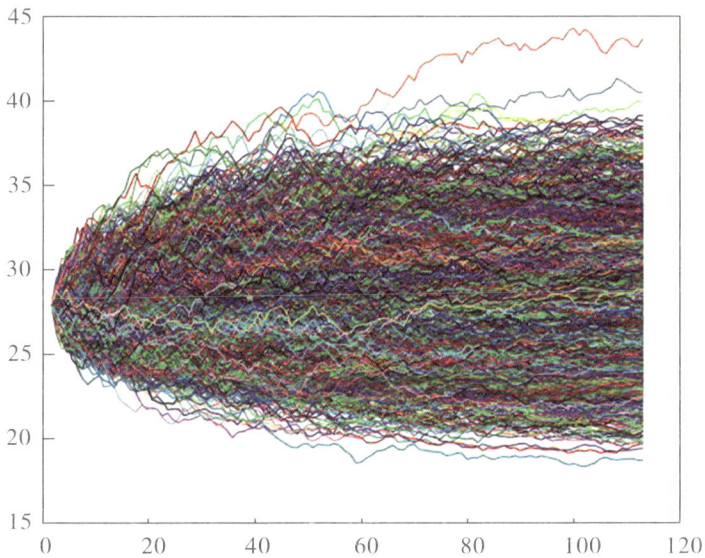

时变波动率的模拟路径图

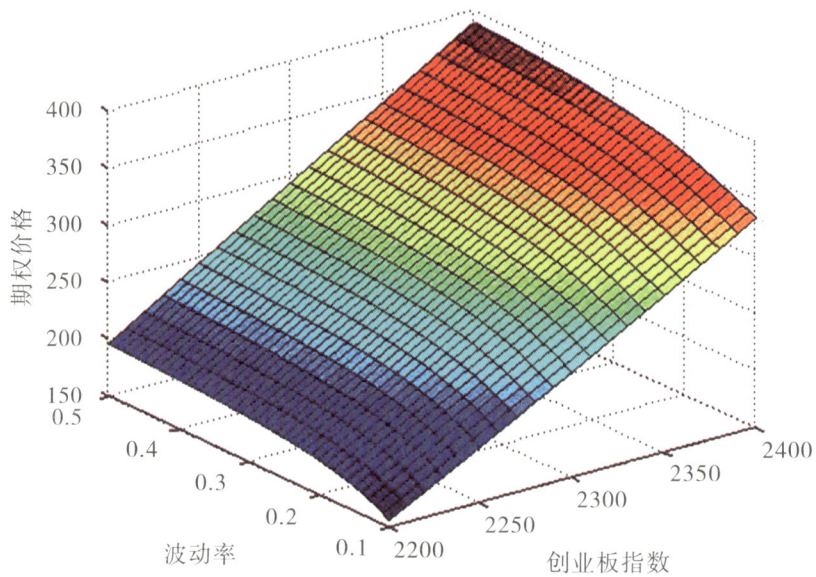

标的资产波动率的影响

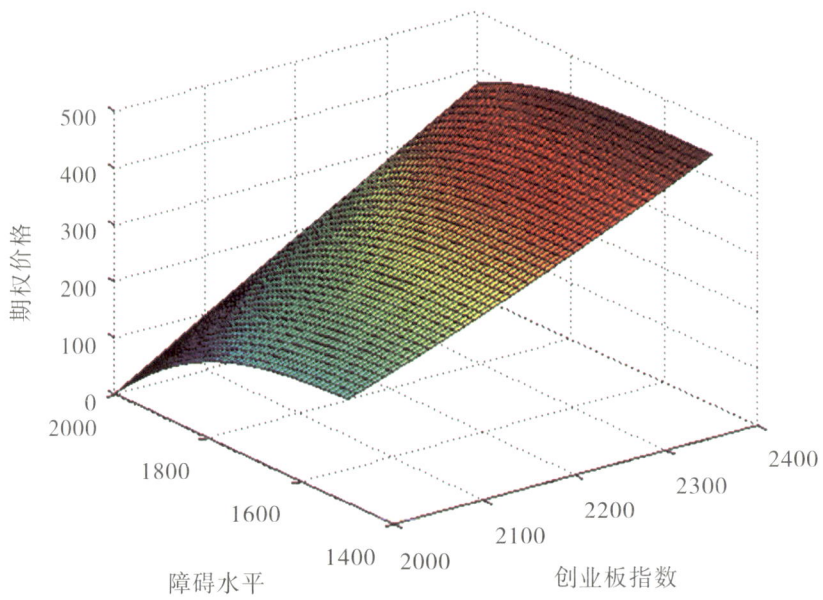

障碍水平变化率的影响

前　言

本教材主要是针对金融工程本科专业实验教学的需要，为提高和发展学生的金融工程实践能力而编写的。在实验设计方面，以金融工程课程中的主要模型的软件和代码实现为依据，以操作性实验、实际数据验证性实验和综合性实验为主要实验方式。实验内容包括教学中的理论和方法的案例实现以及各类复杂金融工具的理论解释和模型实现。

本教材具有实用高效、服务教学的特点。从知识体系、层次结构、规律方法等方面拓展扩充，整体内容系统化、专题化。教材不仅介绍了国内当前流行的各类奇异期权的定价规则和重难点，而且利用多种流行的计算语言以及实际可以运行的代码展示了动态定价与动态对冲中的各类风险管理问题与风险字母难题（the Greeks）的现代解决方法，以此加深学生对高阶期权的学习和掌握，培养和提高学生的独立思考能力和实践能力。

本教材是暨南大学 2022 年度校级"质量工程"项目中的本科教材资助项目之一，可作为高等院校经济与管理专业、金融类专业本科生或研究生学习金融工程课程的配套教材，亦可作为金融工程从业人员的查询手册。

本教材在编写的过程中受到暨南大学国际商学院金融工程专业本科生、研究生、院内教师同事和领导们的大力支持，在这里一并表示感谢。同时感谢国家社科基金项目（21BGL264、18BJY003）和国家青年自然科学项目（6507010083）的课题主持人，这些前辈在不同的阶段给予了作者各种支持，为本书的完成提供了巨大的帮助。另外，暨南大学出版社阳翼副社长和曾鑫华编辑等人为本书的出版付出了大量的时间和精力，在此特别感谢。

本教材在撰写的过程中参考了大量的文献资料，均已列在各章节结尾处，谨向原作者表达最诚挚的谢意。

由于作者的知识和水平有限，书中难免有错误和不当之处，恳请广大读者批评指正，以便今后进一步修订完善。

殷炼乾

2022 年 9 月 1 日于珠海

目　录

棘轮期权的定价

棘轮期权（ratchet option）是分阶段期权（cliquet option）的一种。它是指协定价格在交易之初确定，然后在事先约定的未来某日期根据标的价格水平对协定价格进行调整的期权。按照定义，棘轮效应是指人的消费习惯形成之后有不可逆性，即易于向上调整，而难于向下调整。尤其是在短期内，消费是不可逆的，其习惯效应较强。这种习惯效应，使消费取决于相对收入，即相对于自己过去的高峰收入，消费者易于随收入的提高增加消费，但不易于随收入的降低而减少消费，以致产生有正截距的短期消费函数。这种特点被称为棘轮效应。而棘轮期权也具有类似的特质，棘轮期权最早被用在债券上，最初是由美国田纳西河谷当局于 1998 年 6 月推出的 PARRs，其初始利率为 6.75%，30 年期，5 年后每年调整一次利率。每个阶段都可以提前锁定下一期收益，就像棘轮一般不断向前滚动。

一、关于棘轮期权

（一）棘轮期权的作用

棘轮期权最大的作用便是锁定收益，即每当协定价格重新确定之后，期权的内在价值被锁定。例如，如果期初的协定价格是 1.60，在第一个重新确定日，基础资产价格上升 200 个基本点至 1.68，那么期权的协定价格就被重新定为 1.68，增加的内在价值 200 个基本点将被锁定。之后，如果基础资产在第二个重新确定日价格跌至 1.55，期权的协定价格将被重新定为 1.55，但这次将没有内在价值被锁定。再到下一个重新确定日，基础资产价格又上升至 1.58，那么锁定的内在价值又将增加 300 个基本点。可以看出，棘轮期权实际上就是一连串的短期期权。

棘轮期权可被用于当标的汇率上升或下降时锁定收益。当标的汇率上升时，使用棘轮期权买权；当标的汇率下降时，使用棘轮期权卖权。在某些方面，棘轮期权和回顾期权比较相似，不同之处在于棘轮期权的协定价格只有在既定的汇率水平达到的情况下才被重新确定。而对于回顾期权，汇率的任何高低变动都意味着协定价格的变动。

（二）棘轮期权的举例应用

考虑一个三年期看涨的棘轮期权，标的资产是阿里巴巴（BABA）股票，执行价格在之后三年每年都会按照约定日期的价格重新设置。

假设当下阿里巴巴股票的价格为 $S_0 = 90$ 美元，一年后价格为 $S_1 = 100$ 美元，两年后 $S_2 = 80$ 美元，三年后 $S_3 = 110$ 美元。棘轮期权每年的收益为：第一年：$\max(S_1 - S_0, 0) = 10$ 美元；第二年：$\max(S_2 - S_1, 0) = 0$ 美元；第三年：$\max(S_3 - S_2, 0) = 30$ 美元。因此，一份看涨棘轮期权三年的收益为 40 美元。如果持有该股票三年不做任何交易，三年后回报收益仅有 20 美元。

可见，棘轮期权能够在波动的市场上把握住每一次盈利的机会，由于具有这样的特质，棘轮期权一般也具有较高的价格。

二、定价前的准备

（一）分析以及定价方法选择

由于棘轮期权需要对未来的价格进行预期，其本质是远期开始期权的反复叠加，很难确定精确解析，故本实验采用理论公式定价法与蒙特卡洛模拟法分别进行估计，并将结果进行比较。

（二）变量

（1）S：股票或指数当前的价格。

（2）T：期权到期的最终时间，以年为单位。

（3）t：期权的分期间隔，以年为单位。

（4）r：该地区的无风险利率。

（5）σ：股票波动率。

（6）α：股票的价格变动率，是以期权开始时期标的的价格为基底，期权到期时标的的价格的变化倍率。若 $\alpha > 1$，为看涨期权；若 $\alpha < 1$，为看跌期权。

（7）q：连续股息率。

1. 无风险利率

如表 1-1 所示，无风险利率采用我国 2020 年 6 月最新发布的一年期定期存款基准利率，即 1.50%。

表 1 - 1　2020 年 6 月最新银行存贷款基准利率表

	调整后利率
一、城乡居民和单位存款	
（一）活期存款	0.35
（二）整存整取定期存款	
三个月	1.10
半年	1.30
一年	1.50
两年	2.10
三年	2.75

该无风险利率非常低，在世界范围内都处于较低水平，这可能与我国的政策有一定关联。而因为无风险利率极低，也造成了我国对奇异期权的研究不足。

2. 股票当前价格

采用深证 300 指数 2020 年 6 月 24 日收盘时的收盘价，为 2382.47。

3. 期权年限

深证 300 指数的期权最远月份到 2020 年 12 月底，即 0.5 年，故确定 $T = 0.5$。而棘轮期权需要进行多次交易，为保证交易次数，并按照日前市场上提供的期权交割日期，确定间隔期限为 1 个月（7 月结束，0.083 年），2 个月（9 月结束，0.167 年），3 个月（12 月结束，0.25 年）。因为涉及三个交割年限，按照棘轮期权的定义，第一个远期开始期权从 7 月开始到 9 月结束，所以在该时间间隔中共涉及两段交易。

4. 股票波动率

在深证 300 指数官网查询可得，股票波动率如表 1 - 2 所示，本实验采用一年期波动率，即 23.03%。

表 1 - 2　深证 300 股票波动率

（单位：%）

2020 - 06 - 24	阶段性收益			年化收益率			年化波动率		
	1M	3M	YTD	1Y	3Y	5Y	1Y	3Y	5Y
深证 300	11.67	20.25	13.30	29.77	5.94	- 5.00	23.03	23.31	27.38

若其他品种的股票、指数无法直接得到波动率，可按照如下公式计算波动率：

相对价格：$R_i = C_i / C_{i-1}$

收益率：$U_i = \ln(R_i)$

日收益率标准差：$s = \sqrt{\dfrac{1}{n-1} \sum_{i=1}^{n} (u_i - \bar{\varkappa})^2}$

乘数：$\beta = \dfrac{1}{\sqrt{\tau}}$（$\tau$是假设的年交易日）

波动率：$\sigma = s \times \beta$

5. 股息率

指数基金无股息率，故记为 0。

6. 股票价格变动率

股票价格变动率是在进行棘轮期权定价过程中不确定或按照一定的依据自行确定的参数，按照表 1 - 2 可得深证 300 指数的 1 年年化收益率为 29.77%，从计算的简便性考量，将价格变动率设计为每月 2%，即三个时间区间的 α 值分别为：1.02、1.041、1.061。同时确定蒙特卡洛模拟法在期权结束时的执行价格为 $2382.47 \times 1.02^6 = 2683.05$。

三、期权定价

（一）远期开始期权的定价

提及远期开始期权的定价是因为棘轮期权本质上是多个远期开始期权的组合，故在确定棘轮期权的定价之前，我们需要先来了解远期开始期权的定价公式。

到期时间为 T 的远期开始期权（forward start option）在未来一个已知的时刻 t 开启，其行权价在 t 时刻才确定是平值或者是一定比例的实值或者虚值。行权价被设置为正的常数 α 与 t 时刻的标的资产价格 S 的乘积。如果 α 小于一个单位，则认购期权（认沽期权）在 t 时刻以（$1-\alpha$）比例的实值（虚值）状态的行权价开启；如果 α 等于一个单位，则认购期权（认沽期权）在 t 时刻以平值状态开启；如果 α 大于一个单位，则认购期权（认沽期权）在 t 时刻以（$\alpha-1$）比例的虚值（实值）状态开启。Rubinstein（1990）提出了远期开始期权的定价公式：

$$c = Se^{(b-r)t} \left[e^{(b-r)(T-t)} N(d_1) - \alpha e^{-r(T-t)} N(d_2) \right] \tag{1.1}$$

$$p = Se^{(b-r)t} \left[\alpha e^{-r(T-t)} N(-d_2) - e^{-(b-r)(T-t)} N(d_1) \right] \tag{1.2}$$

其中：

$$d_1 = \frac{\ln\left(\dfrac{1}{\alpha}\right) + (b + \sigma^2)(T-t)}{\sigma(T-t)^{0.5}} \tag{1.3}$$

$$d_2 = d_1 - \sigma(T-t)^{0.5} \tag{1.4}$$

（二）棘轮期权的定价

棘轮期权由一系列远期开始期权组成。下一个行权日对应的行权价等于上一个行权日的资产价格乘以一个正常数，例如，一个 1 年期的棘轮认购期权每季度支付一次，一年共有 4 次支付（行权日），每次支付都等于资产价格和上个行权日确定的行权价之差。第一次支付对应的行权价通常被设定为合约起始时的资产价格。一个棘轮期权可以分解成一系列的远期开始期权进行定价。具体公式如下：

$$c = \sum_{i=1}^{n} Se^{(b-r)t_i} \left[e^{(b-r)(T_i-t_i)} N(d_1) - \alpha e^{-r(T_i-t_i)} N(d_2) \right] \tag{1.5}$$

其中，N 是支付次数，t_i 是远期开始期权的开始日期或者行权价确定日期，T_i 是远期开始期权的到期时间，一个棘轮认沽期权也类似地等于一系列远期开始认沽期权之和。

四、定价模拟

（一）采用定价公式法对期权进行定价

按照远期开始期权的定义，所选取时间段的棘轮期权共涉及两轮，分别为 7 月到 9 月和 9 月到 12 月。

按照公式（1.3）（1.4）可计算得 d_1 和 d_2 分别为 -0.095、-0.326 和 0.24、0.33。然后再代入公式（1.5）计算可得期权的定价为 175.2564。

（二）采用蒙特卡洛模拟法对期权进行定价

一般而言，奇异期权的计算使用蒙特卡洛模拟法较多，因为使用以上公式计算的前提是资产收益率服从完全无偏的正态分布的假设下，但现实世界总是会出现各种偏差，无法满足完全正态分布的假设。尤其在中国，市场化不完善，金融工具不够发达，各个标的资产的价格以及收益率受到政策的影响严重，误差尤其显著。

但对于真实世界价格和理论值之间的误差分析与计算十分重要，使用蒙特卡洛模拟法可以尽量减少误差值。使用课本配套的计算工具 DerivaGem，根据上述步骤套入数据，得到蒙特卡洛模拟的 10 个返回值 2242、2216、2598、2505、1939、2810、2259、2393、3042、2511，可求得其均值为 2452.024。在无套利风险的条件下，由该方法得到的期权价格应该为 69.544，与定义法得到的期权价格有较大出入，由此可以大概判断深证 300 指数的收益率多半受外界因素影响严重，不符合使用定价公式的基本假设。

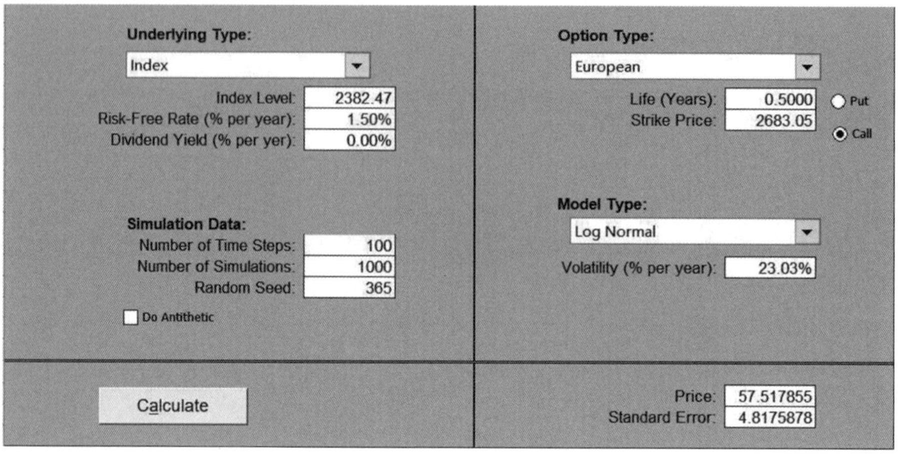

图 1-1　蒙特卡洛模拟的返回值

五、结语

从远期开始期权的定价模型来分析，棘轮期权定价模型的本质其实是对布莱尔—斯科尔斯—默顿定价公式的变形以及远期折现。

通过比较分析实证公式定价与蒙特卡洛模拟的结果，棘轮期权虽然具有锁定收益的优势且保证了一定的灵活性，但似乎与实际世界仍有较大的误差，定价模型仍需改进。

目前，棘轮期权在国内的应用并不广泛，相关研究也比较匮乏，希望在未来棘轮期权能得到进一步的应用。

実验二

亚式期权的定价

尽管传统二叉树模型对路径依赖型期权的定价已经十分成熟，但是由于算术平均亚式期权的收益依赖于其存续期间离散的标的资产价格，其算术平均值并不服从对数正态分布，而且算术平均亚式期权还没有精确的解析式。本实验基于此两点考虑，尝试引入蒙特卡洛方法进行算术平均亚式期权的定价。借助 2020 年 1 月 1 日至 6 月 24 日上证医药指数的收盘指数数据进行波动率计算，再结合 2020 年 6 月 24 日最新的上证医药股票收盘指数对亚式期权进行定价，并与二叉树模型计算得到的欧式期权进行价格比较，得到亚式期权的价格特点，以此为投资者提供投资思路。

一、引言

金融衍生品由于具有与传统金融产品不同的特点，已成为现代金融市场非常突出和活跃的投资产品。从境外成熟市场的金融衍生品发展情况来看，股票期权、股指期货、股指期权交易占据主要地位。尤其是期权投资，它是投资者非常青睐的一种金融衍生品。投资人往往只需要投入少量资金就可以进行比它大十几倍甚至几十倍的基础资产的投机。相比于其他传统的金融资产，投资期权具有高回报、高风险的特点。最早交易的期权都是现货期权，主要用于实物商品、贵金属等业务。在 20 世纪 70 年代出现了金融期权，其得到飞速的发展和广泛的应用，特别是在风险管理中，是颇受投资者欢迎的套期保值工具。美国是全球最大的股票期权交易中心，交易量居全球之首，占比高达 80% 左右，其期权市场产品规模领先于全球市场。2019 年以前国内上市的欧式期权主要有 50ETF 期权和铜期权。美式期权主要包括豆粕期权、白糖期权、棉花期权、玉米期权、橡胶期权。2019 年 12 月，沪深 300 系列期权正式上市交易。其中，上交所、深交所推出的是各自的沪深 300ETF 期权；而中金所推出的是沪深 300 股指期权，即境内首只指数期权品种。

由于其高回报、高风险的特点迎合了市场投资者的需求，期权交易在金融市场中发展势头良好，但同时其也向资产有效定价领域提出了挑战。期权定价是金融衍生品定价的一个重要研究方向。一个标准的期权赋予它的投资者在未来以一个固定的价格（该固定价格称为执行价格）买进或卖出某种资产的权利。看涨期权赋予其期权拥有者购买标的资产的权利，而看跌期权赋予其出售资产的权利。亚式期权属于一种新型期权，也称为平均期权。与标准期权相比，亚式期权还有价格更便宜、可以用来对冲在指定时期内的风险的优点。亚式期权属于欧式期权的一种创新。亚式期权是根据合同期内股价的平均价格的高低来决定是否执行期权合同。与欧式期权的相同点在于，它们都是只允许投资者在到期日当天执行期权合同，不同点在于欧式期权是根据到期日当天股价的高低来决定是否执行期权合同。从亚式期权种类上看，它可分为平均价格期权和平均执行价格期权。平均价格期权可用来避免在一段时间内因频繁交易资产而发生的价格波动风险，而平均执行价格期权可以保证在一段时间内频繁卖出标的资产的平均价格不会低于最终价格，也可以保证一段时间频繁买入标的资产的平均价格不会高于最终价格。

亚式期权在金融市场中受到越来越多投资者的青睐，它的合理买卖价格也受到大家的关注。本实验选择平均价格亚式期权进行定价分析，亚式期权中更常见的情况是取算术平均，由于收益与风险资产的变化路径息息相关，它的价格没有解析，一系列对数正态分布值的算术平均值并不服从对数正态分布，因此，人们目前仍然无法得到解析的定价公式。所以本实验尝试用蒙特卡洛模拟法和 MATLAB，对算术型平均价格亚式期权进行数值分析；再基于 2020 年上证医药股指的价格特点和波动率特点研究亚式期权定价，根据蒙特卡洛原理编写 MATLAB 程序，对亚式期权定价进行计算；之后结合算术亚式期权和欧式看涨期权的近似价格，对它们进行比较分析。

二、研究方法和代码推导

（一）亚式期权种类

首先对亚式期权的种类进行介绍，亚式期权从种类上可分为平均价格亚式期权和平均执行价格亚式期权。

（1）平均价格亚式期权。

平均价格看涨期权收益：$\max(0, S_{ave} - K)$

平均价格看跌期权收益：$\max(0, K - S_{ave})$

（2）平均执行价格亚式期权。

平均执行价格看涨期权收益：$\max(0, S_T - S_{ave})$

平均执行价格看跌期权收益：$\max(0, S_{ave} - S_T)$

其中，S_{ave} 是标的资产价格的平均值，K 为执行价格，S_T 为到期价格。

亚式期权在计算定价上存在算术平均和几何平均两种计量方式：

$$算术平均：S_{ave} = \frac{1}{n} \sum_{i=1}^{n} S_i$$

$$\text{几何平均：} S_{ave} = \sqrt[n]{\prod_{i=1}^{n} S_i}$$

由于平均价格期权可用来避免在一段时间内因频繁交易资产而发生的价格波动风险，因此本实验选择平均价格期权进行分析，亚式期权中更常见的情况是取算术平均，但是一系列对数正态分布值的算术平均值并不服从对数正态分布，而且人们目前仍然无法得到解析的定价公式，所以本实验尝试用蒙特卡洛模拟法，并借助 MATLAB 对算术平均亚式期权进行数值分析。

（二）基于蒙特卡洛模拟法的期权定价

事实上，对期权定价的方法有很多种，常见的几种方法如下：①二叉树方法；②有限差分法；③偏微分方程法；④蒙特卡洛模拟法。

蒙特卡洛（Monte Carlo）模拟法作为期权定价的估计方法，实质是一种利用随机抽样的样本均值来近似地代替随机分布的总体期望值，从而得到对随机分布数学期望的实际估计的数值分析方法。

亚式期权的价格是其盈亏函数的贴现期望值，而其中的期望值是针对风险中性的概率测度而言的。将期权的有效期分为多个区间，通过计算机模拟得到每个部分的标的资产的路径和变化，可以通过 MATLAB 软件模拟数学期望或积分对金融衍生证券价格进行估计。基于蒙特卡洛模拟法，下面将给出算术平均亚式期权的定价公式。

标的资产服从以下过程：

$$S(t + \Delta t) - S(t) = \hat{\mu} S(t) \Delta t + \sigma S \mathrm{d}z$$

其中，$\mathrm{d}z$ 是一个维纳过程，$\hat{\mu}$ 为标的资产的收益率期望，σ 为股票波动率。

为了模拟 S 的路径，我们可以将期权的期限分割成 N 段长度为 Δt 的小区间，从而得到离散形式：

$$S(t + \Delta t) - S(t) = \hat{\mu} S(t) \Delta t + \sigma S(t) \varepsilon \sqrt{\Delta t}$$

其中，ε 是服从（0，1）的正态分布的抽样。

由此可以从 S 的初始值计算出 S 在 Δt，$2\Delta t$，$\cdots$ 时的值，通过在正态分布中进行 N 次抽样实现了对路径的完整模拟。

根据伊藤引理，可得 $G = \ln S$ 服从的广义维纳过程：

$$\mathrm{d}\ln S = \left(\hat{\mu} - \frac{\sigma^2}{2} \right) \mathrm{d}t + \sigma \mathrm{d}z$$

离散化形式和其等价形式为：

$$\ln S(t + \Delta t) - \ln S(t) = \left(\hat{\mu} - \frac{\sigma^2}{2} \right) \Delta t + \sigma \varepsilon \Delta t$$

$$S(t + \Delta t) = S(t) \exp \left[\left(\hat{\mu} - \frac{\sigma^2}{2} \right) \Delta t + \sigma \varepsilon \Delta t \right]$$

得到的期权定价为:

$$S(T) = S_0 \exp \left[\left(\hat{\mu} - \frac{\sigma^2}{2} \right) T + \sigma \varepsilon_i \sqrt{T} \right]$$

(三) 使用蒙特卡洛方法的亚式期权定价实现

结合上述亚式期权公式和基于蒙特卡洛的期权定价公式,本实验对标的资产假设如下:

(1) 该标的资产为普通股票并且不支付股息。

(2) 认为该股票服从风险中性,其股票价格游走服从广义维纳过程,那么风险中性测度下的亚式看涨期权抽象定价为:

$$P = e^{-rT} E_0^Q \left[\max(S_{ave} - K, 0) \right]$$

其中,r 是无风险利率,T 是到期日,期望 E 的无偏有效估计为样本平均,以平均价格看涨期权为例,得到算术平均亚式期权蒙特卡洛模拟值为:

$$P = e^{-rT} \frac{1}{N} \sum_{i=1}^{N} \max \left[S_{ave}(i) - K, 0 \right]$$

其中,$S_{ave}(i)$ 为第 i 次模拟的价格算术平均数,N 为模拟次数。

基于上述蒙特卡洛对期权定价的推导过程和亚式期权的定价公式,本实验将以此撰写 MATLAB 代码。对算术亚式期权的推导公式如下:在对 MATLAB 代码进行撰写的时候,认为亚式期权的路径价格其实是一个 N 行 n 列的矩阵,而在定价的时候需要计算每行的平均价格的最大值。亚式期权的价格等于 0 和路径依赖下的第 i 行的平均定价减去执行价格的最大值 (代码见附录)。

$$S_{ave}(i) = \frac{S_0 \exp \left[\sum_{i=1}^{n} \left(\hat{\mu} - \frac{\sigma^2}{2} \right) \frac{T}{n} + \sigma \varepsilon_i \sqrt{\frac{T}{n}} \right]}{n}$$

$$P = e^{-rT} \frac{1}{N} \sum_{j=1}^{N} \max \left\{ \frac{S_0 \exp \left[\sum_{i=1}^{n} \left(\hat{\mu} - \frac{\sigma^2}{2} \right) \frac{T}{n} + \sigma \varepsilon_i \sqrt{\frac{T}{n}} \right]}{n} - K, 0 \right\}$$

$$(i = 1, 2, \cdots, n; \ j = 1, 2, \cdots, N)$$

其中，S_0 为股票价格，K 为执行价，r 为无风险利率，T 为期权的到期日，σ 为股票波动标准差，N 为模拟的次数，n 为每次离散的数目，ε_i 为随机模拟数。如果 S 为无股息股票价格，那么 $\hat{\mu}=r$，期望收益率为无风险收益率。

三、数据选择和定价实践

（一）数据选择

本实验选择了上证医药指数作为标的资产。之所以选择该指数主要是因为受国内外疫情影响，医药类个股受到市场追捧，在相对惨淡的股票环境下走出了自己的独立行情。相应的医药生物、医药健康类基金也格外受投资者的青睐。从各种数据上具体来看，医药行业整体走势较强，医药生物板块 2020 年第一季度涨幅增大，超过上证指数多个百分点。本实验用上证医药指数作为标的资产研究期权定价，一定程度上能够为投资者带来投资策略和建议。因此，本实验选择 2020 年 1 月 1 日至 6 月 24 日的上证医药指数的收盘数据进行定价实践。同时借助 2019 年 5 月 7 日至 12 月 31 日的上证医药指数的收盘指数数据与 2020 年后的数据进行对比，分析 2020 年以来医药行业股票的特点。

表 2-1　2019 年 5 月至 2020 年 6 月上证医药股指描述与统计

收益率统计量	2020 年 1—6 月	2019 年 5—12 月
均值	0.002451	0.000356
中位数	0.004106	0.000838
最大值	0.04604	0.031249
最小值	−0.03293	−0.031555
标准差	0.016356	0.011914
偏度	−0.10755	−0.16103
峰度	2.559496	2.930714
JB 统计量	1.141488	0.741574
概率	0.565105	0.690191
总和	0.279413	0.058324
总和标准差	0.03023	0.023137
样本数量	114	164

从表 2-1 中可以看到，2020 年 1 月至 6 月的上证医药指数的平均股票收益率比 2019 年的收益率超出许多，而从标准差来看，2020 年 1 月至 6 月的上证医药指数也是大于 2020 年之前的标准差。这说明 2020 年新冠肺炎疫情暴发导致的上证医药股指波动幅度增

大。对比 2019 年 5 月至 12 月的数据，2020 年呈现的是"高风险，高收益"的分布特征。可见，由于波动幅度较大，在期权定价时也极有可能获得一个较高的期权价格，并且在期权交易时会面临着较大的风险和得到较高的收益。

（二）波动率计算

下面将基于 EViews 10.0 对 2020 年 1 月 1 日至 6 月 24 日的上证医药指数的收盘价数据进行对数收益率计算。在计算波动率方面，运用 GARCH（1，1）模型进行波动率计算：

对 GARCH（1，1）模型进行评估：

$$\sigma_n^2 = \overline{\omega} + \alpha \mu_{n-1}^2 + \beta \sigma_{n-1}^2$$

计算长期方差的权重：

$$\gamma = 1 - \alpha - \beta$$

长期方差的计算：

$$V_L = \overline{\omega} / \gamma$$

借助长期方差对长期波动率进行模拟去计算波动率。首先，是对对数收益率进行单位根检验，得到序列平稳。接着对对数收益率研究相关和偏自相关关系，判断后面 ARCH 效应检验时所要用到的滞后阶数为 2。其次，利用残差平方序列相关关系进行 ARCH 效应检验，确认存在非常显著的 ARCH 效应。最后，建立 GARCH 模型，结合上述常数系数、ARCH 项系数、GARCH 项系数，计算波动率如下：

$$\frac{\overline{\omega}}{1 - \alpha - \beta} = \frac{8.19 \times 10^{-5}}{1 - 0.198418 - 0.490284} = 25.33\%$$

结合公式计算得到波动率 25.33%。与此同时，在中证官网上找到的上证医药指数的一年波动率为 21.27%。可以看出通过 GARCH（1，1）计算得到的波动率较大。主要原因是本实验选取的数据处于疫情期间，由于新冠肺炎疫情的影响，医药生物、医药健康类基金格外受投资者的青睐，医药行业整体走强，但这也导致医药类的股票波动幅度增加，尽管疫情给医药类股票带来了一定的机遇，但其也带来了高风险。

（三）亚式期权定价实践

以看涨期权为例，基于上述得到的波动率，以 2020 年 6 月 24 日的上证医药指数收盘价 8548.04，设执行价格超过当日收盘价的 10%，执行价格为 9402.844。以一年期国债利率 2.25% 为无风险利率，假设期权到期时间为 1 年，股票波动率由上述 GARCH（1，1）

模型计算得到。将模拟的次数设为 1000、10000、50000 三个阶段以测试不同的模拟次数会对亚式期权价格带来怎样的影响，n 为每次离散的时间，通过测试不同的离散时间研究对亚式期权价格的影响。

表 2 - 2　不同模拟条件下的亚式看涨期权定价

每次离散的时间	模拟次数	算术亚式期权价格	算术亚式期权价格区间
	1000	307.0984	[262.5081, 351.6886]
5	10000	310.5736	[296.5463, 324.6009]
	50000	304.0348	[297.8628, 310.2067]
	1000	239.4985	[202.4558, 276.5412]
20	10000	249.3552	[237.5352, 261.1751]
	50000	249.9230	[244.6687, 255.1773]
	1000	247.1988	[211.0025, 283.3950]
100	10000	231.3082	[220.3817, 242.2348]
	50000	234.7617	[229.7452, 239.7782]

从表 2 - 2 可以看出，随着模拟次数的增加，算术平均亚式期权价格区间将会变小，其价格变化的波动性也逐渐变小。这意味着蒙特卡洛模拟法在模拟次数增加的情况下给出的模拟定价会更精确。由中心极限定理可以证明，当产生的随机数样本趋向无穷时，即模拟次数越多时，蒙特卡洛模拟法得到的亚式期权定价也趋向于期权的精确解。

对执行价格进行改变，将执行价格范围定在 [8548.04, 9402.844] 之内，将其分成十个区间进行定价实践，得到不同执行价格下的期权价格。利用 EXCEL 进行绘图时可以看到，当执行价格增加的时候，期权价格相应减小。这意味着当执行价格减小的时候，投资者更有机会获利，即当股票价格达到较低执行价格时就可获得收益，那么投资者在购买期权的时候就会支付更高价格。

（四）亚式期权与欧式期权定价比较

与此同时，利用二叉树模型对上证医药指数的欧式看涨期权进行计算，以此研究亚式期权和欧式期权在价格上的区别。以 2020 年 6 月 24 日的上证医药指数收盘价 8548.04 为初始价格，和亚式期权设计相同，设执行价格超过当日收盘价的 10%，则执行价格为9402.844。以一年期国债利率 2.25% 为无风险利率，假设期权到期时间为 1 年，股票波动率由上述 GARCH（1，1）模型计算得到。

表 2 - 3　不同模拟条件下的欧式看涨期权定价

	模拟步数	价格
1	50	610.7796066
2	100	607.4208746
3	200	608.6824383
4	500	608.0069241

从模拟结果来看，在相同条件下，算术亚式期权价格在一定程度上低于欧式看涨期权的价格，这个结果与在 Black-Scholes 模型下得到的结论是相同的，这也表明亚式期权的价格总是低于欧式看涨期权的价格。和亚式期权一样，欧式看涨期权也对执行价格进行改变，将执行价格范围定在 ［8548.04，9402.844］之内，将其分成多个区间进行定价实践，会得到不同执行价格下的期权价格。从表 2 - 3 也可看出，当执行价格增加的时候，期权价格相应减小。当执行价格减小的时候，投资者更有机会通过欧式看涨期权获得收益，那么在购买期权的时候就支付更高价格。

四、结论与展望

在计算亚式期权定价的过程中，只有几何平均期权能得到精确的解析解。目前市场上的绝大多数期权是基于算术平均。对于这种亚式期权，由于没有精确的解析公式，本实验采用了蒙特卡洛模拟法做数值分析，利用 MATLAB 进行了定价实践。从结果可见，随着模拟次数的增加，蒙特卡洛给出的亚式期权的模拟定价会更精确。并且随着执行价格的增加，期权价格会相对减少，符合相关期权理论。与二叉树方法方法得到的欧式看涨期权相比，亚式期权价格通常会比其低，这与其他学者的研究一致，同时说明蒙特卡洛方法得到的亚式看涨期权价格有良好的模拟效果，这对蒙特卡洛方法在期权定价的数值分析应用上有一定的借鉴、参考价值。

参考文献

［1］ HULL J C. Options，futures，and other derivatives ［M］. 9th ed. New York：Pearson Education Inc.，2015.

［2］赵建忠. 亚式期权定价的模拟方法研究 ［J］. 上海金融学报，2006（5）：58 - 61.

［3］郑小迎，陈金贤. 关于亚式期权及其定价模型的研究 ［J］. 系统工程，2002（2）：22.

［4］张丹丹，杨建奇，邓东. 亚式期权的蒙特卡洛定价分析 ［J］. 科技广场，2013（12）：137 - 140.

［5］方媛，耿国靖. 亚式期权的定价与 delta 对冲 ［J］. 经济师，2018（6）：76 - 78.

［6］郭磊．几类亚式期权定价问题的数值研究［D］.洛阳：河南科技大学，2019.

［7］Kahalé N. General multilevel Monte Carlo methods for pricing discretely monitored Asian options［J］. European journal of operational research，2020，287（2）：739－748.

附　录

```
%s0股票价格
%K执行价
%r无风险利率
%T期权的到期日
%sigma股票波动标准差
%Nu模拟的次数
%输出参数
%ci%概率保证的期权价格区间
%这样保证每次模拟的结果相同
%NSteps每次离散时间
%NRepl 模拟次数
function[P,CI]=AsianMC(s0,k,r,T,sigma,NSteps,NRepl)
dt=T/NSteps;
nudt=(r-0.5*sigma^2)*dt;
sidt=sigma*sqrt(dt);
randn('seed',0);定义随机数发生器种子是0,
rand=randn(NRepl,NSteps);

rand1=nudt+sidt*rand;（计算 $(\hat{\mu}-\frac{\sigma^2}{2})T+\sigma\varepsilon\sqrt{T}$）

rand2=cumsum(rand1,2);（这三行都是产生随机变量）

path=s0*exp(rand2);（计算 $S_0\exp[(\hat{\mu}-\frac{\sigma^2}{2})T+\sigma\varepsilon\sqrt{T}]$）

payoff=zeros(NRepl,1);（产生 0 矩阵）
fori=1:NRepl（循环，i 从 1 到 NRepl）
payoff(i)=max(0,mean(path(i,:))-k);
end（payoff 的值等于 0 和 path 的第 i 行-k 的最大值）
[P,aux,CI]=normfit(exp(-r*T)*payoff)（返回 payoff 乘以 e 的(-r*T)次方的正态
分布均值 mu 和 sigma）
```

实验二 亚式期权的定价

实 验 三
回望式期权的定价

本实验构建了一个基于 A 股指数的浮动回望式看涨期权。在定价研究上，本实验首先使用了分数布朗运动条件下浮动执行价回望式期权的定价模型，并成功利用 MATLAB 模拟了分数布朗运动，并求出了回望式期权价格的模拟解。接着我们使用几何布朗运动条件下的一般公式求解回望式期权价格的解析解。

将模拟解和解析解进行比较后，本实验得到了两个结论：当 H 值为 0.5 时，回望式期权价格的数值解与公式解非常接近，这可视为正常的模拟误差。由此验证了布朗运动是 H 值为 0.5 时的分数布朗运动，是分数布朗运动的一个特例。随着 H 值的变化，对应的期权价格与普通布朗运动假设下的期权价格相差越来越大。

一、技术源与数据源简介

MATLAB 是美国 MathWorks 公司出品的商业数学软件，用于数据分析、无线通信、深度学习、图像处理与计算机视觉、信号处理、量化金融与风险管理、机器人控制系统等领域。MATLAB 意为矩阵工厂（矩阵实验室），该软件主要面对科学计算、可视化以及交互式程序设计的高科技计算环境。它将数值分析、矩阵计算、科学数据可视化以及非线性动态系统的建模和仿真等诸多强大功能集成在一个易于使用的视窗环境中，为科学研究、工程设计以及必须进行有效数值计算的众多科学领域提供了一种全面的解决方案，并在很大程度上摆脱了传统非交互式程序设计语言的编辑模式。

国泰安 CSMAR 数据库是一套权威的精准财经金融数据库，是国泰安公司针对高等院校、金融证券机构、社会研究机构的专家学者，对于中国金融、经济分析研究的需要而设计研发的高级专业财务、金融、经济系列数据库，是由关于宏观经济、行业研究、上市公司、股票市场、基金市场、债券市场、期货市场、外汇及黄金市场、海外研究等的数据构成的有机统一整体。数据来源正规，具备三种以上格式输出能力，支持 SAS、SPSS 等多种统计软件。

二、数据选择与模型构建

（一）数据选择

波动率反映了资产价格的波动程度，刻画了资产收益率的不确定性，一直是金融经济研究的重要课题之一。由于历史波动率是分析金融资产价格波动率的主要方式，因此本实验采用历史波动率分析法研究 A 股指数的波动率（洪铁松，2015）。为了实现短期预测，计算采用了 A 股指数市场 30 日历史波动率作为价格波动率，计算得出年波动率为 12%，估计值的标准误差为 1.6%。此外，本实验选取年度无风险利率为 1.5%，股息率为 2.2%，以上数据均来自 CSMAR。

表 3 - 1　年波动率计算数据

天数	收盘价	日收益率	日收益平方	天数	收盘价	日收益率	日收益平方
0	2930.86			15	3016.54	0.006312	3.98E－05
1	2916.67	－0.00485	2.35549E－05	16	3009.61	－0.00230	5.29E－06
2	2963.04	0.015773	0.000248794	17	3034.58	0.008263	6.83E－05
3	2946.18	－0.00571	3.25625E－05	18	3034.08	－0.00016	2.72E－08
4	2955.43	0.003135	9.8266E－06	19	3030.98	－0.00102	1.04E－06
5	2974.91	0.006570	4.316E－05	20	3037.92	0.002287	5.23E－06
6	2989.62	0.004933	2.43296E－05	21	3008.80	－0.00963	9.28E－05
7	2962.85	－0.00899	8.09037E－05	22	3006.78	－0.00067	4.51E－07
8	2980.70	0.006007	3.60784E－05	23	3013.88	0.002359	5.56E－06
9	2974.92	－0.00194	3.76758E－06	24	3038.14	0.008017	6.43E－05
10	2943.51	－0.01061	0.000112666	25	3022.67	－0.00510	2.61E－05
11	2950.86	0.002494	6.21957E－06	26	3006.09	－0.00550	3.03E－05
12	2945.14	－0.00194	3.76476E－06	27	2949.33	－0.01906	0.000363
13	2958.15	0.004408	1.9428E－05	28	2953.65	0.001464	2.14E－06
14	2997.56	0.013235	0.000175153	29	2983.55	0.010072	0.000101

（二）模型构建

1. 分形市场假说

彼得斯在 1999 年出版的《资本市场的混沌与秩序：一个关于商业循环、价格和市场变动的新视点（第二版）》中首次提出了分形市场理论。在书中，他对有效市场假说在金融市场中的作用提出了疑问；他引入分形的思想，提出了全新的分形市场理论，并将这一理论用于解释有效市场所无法解决的问题。根据他的描述，分形市场有以下几个特征：

（1）市场由不同投资期限的众多投资者构成。

市场由不同投资期限的众多投资者构成，这是分形市场假说最重要的一点。正是由于不同投资期限的存在，使得各投资者对信息的反应不会像有效市场假说描述的那样，会整合所有可利用的信息。分形市场的信息传递有层次性及分离特性，即长期投资者更倾向于关注影响长期股价变动的因素，如巴菲特等价值投资者，相较于技术分析，更关注公司的运营、发展前景、是否具有安全投资边际等。而短期投资者则更关注股价的即时波动和短期波动指标，如量价、市盈率、换手率、动量等。由于长短期投资者的侧重点不同，不同类型的市场信息对他们的重要性及影响则不同，因此股价并不反映历史信息及已公开发布的信息，而是反映投资者投资期望水平的重要信息。

（2）价格的随机游走是常态。

在不成熟的市场，短期投资者的交易活动占主要地位。短期投资者往往会不断地制造热点，从而推高股价、获取暴利。长期投资者虽然会在一定程度上反向平衡这一行为，但由于他们力量薄弱，且关注点在长线，制衡的力量并不足以使股价立刻恢复，这就导致市场依据主流偏见而波动成了常态。因此价格并非简单的随机游走，而是附带一个趋势项。

（3）流动性是稳定性的必要条件。

有效市场假说假定市场上存在着大量的投资者，他们源源不断的市场行为保证了市场有充足的流动性。而分形市场假说虽然也假设了大量投资者的存在，但限于投资期限，当市场出现极端行情，如短期主流偏见堆起的泡沫破裂时，许多短期投资者会立马倒戈，想要退出市场。在没有第三方介入买单的情况下，市场流动性会迅速枯竭，影响市场的稳定。因此，流动性才是决定市场稳定的重要因素。

（4）价格具有长期记忆性，且价格波动呈常态。

由于投资者的认知差异及人性使然，短期投机者会做出一系列的相似行为：如羊群效应、追涨杀跌等，这些都会导致短期的股票价格似乎比长期的股票价格更加易变，或者有更大的"噪音"。长期投资者为了稳定股价，实现自己的长期策略，有时候会适当地介入股市做出调整，因此股价既反映了短期的技术分析，也融入了长期的基本分析，但短期技术分析总是占主导地位，这使价格的波动性成为常态。

事实证明具有分形结构的市场是稳定的、有生命力的，具有很好的容错性。整体的有序与确定使系统稳定，而局部的无序与随机为系统带来活力。股票市场正是有了大量不同投资时间尺度的投资者，才使得市场既稳定又有活力。分形市场假说认为只用随机的观点和方法来研究金融时间序列，必然会损失金融市场中包含的丰富信息。分形市场假说可以更好地分析市场的价格运动和投资者行为。

综上，使用分数布朗运动描述资产价格过程，更能反映市场的实际特征，那么以此为条件的期权定价模型将得出更接近市场的价格。因此本实验在分数布朗运动条件下构建回望式期权的定价模型。

2. 分形分布

自然界的大部分变量多处在无序的、不稳定的、非平衡和随机的状态中。在现实的资本市场中，证券价格的运动完全可以不服从正态分布，其方差也可以无穷大而不像假定的那样是有限的。金融市场比自然界或其他技术领域要复杂得多，金融市场的突发事件不仅具有多因数性、非线性而且还具有不确定性。

若股价变化服从分数布朗运动，那么股价变化过程将服从几何分数布朗运动，进而股票的对数收益率将服从分形分布。下面给出分数布朗运动的定义：

设（Ω，F，P）为一概率空间，$H \in (0, 1)$ 为一常数。具有 Hurst 参数 H 的分数布朗运动是一高斯过程 $[B_H(t)]_{t \in R^*} = [B_H(t, \omega), t \in R^*, \omega \in \Omega]$，且满足：$B_H(0) = E[B_H(t)] = 0$，对所有 $t \in R^*$；$E[B_H(t)B_H(s)] = \frac{1}{2}(|t|^{2H} + |s|^{2H} - |t-s|^{2H})$，$s, t \in R^*$。

其中，E 表示关于测度概率 P 的期望，$R^* = \{s : s \geq 0\}$。

若 $H = \frac{1}{2}$，则 $B_H(t)$ 为标准布朗运动。

若 $H > \frac{1}{2}$，则 $B_H(t)$ 是持久的或具有长关联性。

若 $H < \frac{1}{2}$，则 $B_H(t)$ 是反持久的。

由以上定义可看出，H 指数是衡量时间序列记忆程度的一个指标。当 $\frac{1}{2} < H < 1$ 时，可以得到一个持久性的时间序列。

3. 分数布朗运动下回望式期权的定价

冯德育在 2009 年时给出了基于分形市场假说的浮动执行价回望式看涨期权的定价模型：

$$\frac{\partial V}{\partial t} + rS\frac{\partial V}{\partial S} + Ht^{2H-1}\sigma^2 S^2 \frac{\partial^2 V}{\partial S^2} = rV$$

$$V(S, J, T) = S_T - J$$

$$\frac{\partial V}{\partial J}\Big|_{S_T = J} = 0$$

该模型的求解十分复杂，而且很可能不存在解析解，因此使用求解路径依赖期权常用的蒙特卡洛模拟法进行求解（冯德育，2009）。

三、利用蒙特卡洛模拟法求解期权价格

现构造一份 A 股指数欧式浮动回望看涨期权，上市日为 2020 年 5 月 26 日，初始时刻股价为 2983，执行价格为 2990，无风险利率为 1.5%，到期时间为 0.25 年，年波动率为 12%。蒙特卡洛模拟的原理是利用风险中性原理定价，即利用给定的样本路径计算风险中性测度下期末的期望收益，再使用无风险利率进行贴现。

　　具体做法为用计算机生成的随机数模拟出一条股价路径，然后利用模拟数据计算收益后，用无风险利率进行贴现。根据无套利原理，即期末收益相同的两种金融资产其期初价格必然相等，所得结果即为给定路径下的期权价格。然后重复以上步骤，经过大量的模拟后再进行平均，即可得到相应的价格（张利花，2013）。

（一）模拟步骤

　　（1）利用计算机模拟产生一条服从几何分数布朗运动的股价路径。

　　（2）采用对偶变量技术减小方差（黄湘，2012），其原理是首先随机抽取一系列正态分布变量ε_i，模拟出一条股价路径，根据以上步骤求出期权期初值V_1；然后构造对偶变量$-\varepsilon_i$，由正态分布变量的性质可知$-\varepsilon_i$也服从正态分布。用$-\varepsilon_i$模拟出一条股价路径，求出对应的期权期初值V_2。取平均值，即$V=1/2(V_1+V_2)$为新的期权期初值。如果随机样本ε_i模拟得到的估计值偏小，那么其对偶随机样本$-\varepsilon_i$得到的估计值就会偏大，二者的平均值就会较接近真实值。

　　（3）到期日，根据$S_T-S_{\min}$计算回望式看涨期权的价值，将期末价值用无风险利率贴现即得期权期初价值。

　　（4）大量重复以上步骤，然后进行平均，即可得到期权的价格。

（二）模拟实现 MATLAB 代码

```
clear;
S(1)=2983;
S1(1)=2990;
mu=0.015;
T=0.25;
sigma=0.12;
H=0.5;
NSteps=1000;
NRepl=20000;
dt=T/NSteps;
mudt=mu*dt;
for sim=1:NRepl
    for i=1:NSteps
        for j=i:NSteps
            U(i,j)=0.5*(abs(i*dt)^(2*H)+abs(j*dt)^(2*H)-abs((i-j)*dt)^(2*H));
            U(j,i)=U(i,j);
```

```
            end
        end
        R=chol(U);
        y=randn(NSteps,1);
        Y=R*y;
        Y1=R'*(-1*y);
        for i=1:NSteps-1
dY(i)=Y(i+1)-Y(i);
            dY1(i)=Y1(i+1)-Y1(i);
            S(i+1)=S(i)*exp(mudt-0.5*sigma^2*dt^(2*H)+sigma*dY(i));
            S1(i+1)=S1(i)*exp(mudt-0.5*sigma^2*dt^(2*H)+sigma*dY1(i));
        end
        payoffc1(sim)=S(NSteps)-min(S);
        payoffc2(sim)=S1(NSteps)-min(S1);
end
Call=((mean(payoffc1)+mean(payoffc2))/2)*exp(-mu*T)
```

（三）模拟结果

当 $H=0.5$ 时，分数布朗运动便是普通布朗运动，表 3 – 2 显示了当 $H=0.5$ 时，模拟次数从 1000 增至 20000，步长分别为 100 和 500 时的期权价格。

表 3 – 2　$H=0.5$ 时蒙特卡洛模拟的计算结果

模拟次数	步长为 100 时的期权价格	步长为 500 时的期权价格
1000	134.3865	138.4589
2000	134.3916	139.4432
3000	133.7155	144.0749
4000	134.3284	141.0786
5000	136.9460	141.5006
6000	133.3814	141.4073
7000	135.3951	142.9346
8000	136.4966	144.2298
9000	133.4888	142.9686
10000	135.8138	142.2810
11000	137.4810	142.7974
12000	135.8827	138.9353
13000	135.0229	141.0031

（续上表）

模拟次数	步长为 100 时的期权价格	步长为 500 时的期权价格
14000	135. 2021	141. 1477
15000	136. 5334	140. 7133
16000	137. 1491	143. 0571
17000	136. 6004	140. 4586
18000	135. 0784	143. 8542
19000	134. 0448	141. 8793
20000	134. 8945	139. 8955

现将模拟方法应用于分数布朗运动条件下回望式期权的求解，对应不同 H 值，期权价格见表 3 – 3，可以明显观察到，随着 H 值的增大，对应的期权价格变化很明显。

表 3 – 3　步长为 100 时不同 H 值和模拟次数对应的回望式期权价格

模拟次数	期权价格				
	$H = 0.5$	$H = 0.55$	$H = 0.6$	$H = 0.65$	$H = 0.7$
1000	134. 3865	118. 1568	108. 5219	98. 9899	92. 2193
2000	134. 3916	118. 3920	107. 7174	99. 7104	90. 5373
3000	133. 7155	117. 8066	106. 8817	98. 2522	92. 4000
4000	134. 3284	118. 2075	107. 7259	98. 7437	92. 7622
5000	136. 9460	120. 6751	106. 7827	98. 1279	93. 5576
6000	133. 3814	117. 4852	107. 9042	97. 7933	91. 5642
7000	135. 3951	119. 3584	107. 7237	97. 8812	93. 3399
8000	136. 4966	120. 2457	105. 0223	96. 3166	92. 2805
9000	133. 4888	117. 4464	106. 4199	97. 4717	92. 7788
10000	135. 8138	119. 7128	106. 4893	95. 8477	91. 7193

四、模拟价格与解析价格的比较

Goldman 等人在 1979 年得到了浮动执行价格下回望式期权的定价公式（桑利恒，2014）：

$$c = S_0 \mathrm{e}^{-qT} N(a_1) - S_0 \mathrm{e}^{-qT} \frac{\sigma^2}{2(r-q)} N(-a_1) - S_{\min} \mathrm{e}^{-rT} \left[N(a_2) - \frac{\sigma^2}{2(r-q)} \mathrm{e}^{Y_l} N(-a_3) \right]$$

其中：

$$a_1 = \frac{\ln(S_0/S_{min}) + (r - q + \sigma^2/2)\ T}{\sigma\sqrt{T}}$$

$$a_2 = a_1 - \sigma\sqrt{T}$$

$$a_3 = \frac{\ln(S_0/S_{min}) + (-r + q + \sigma^2/2)\ T}{\sigma\sqrt{T}}$$

$$Y_l = -\frac{2(r - q - \sigma^2/2)\ \ln(S_0/S_{min})}{\sigma^2}$$

S_{min}为资产价格到目前为止取得的最小值，当回望期权刚刚开始时，$S_{min} = S_0$。该定价公式中涉及的参数有当前股指价格、无风险利率、股息率、波动率和期权持有期内股价的最小值。将已知数据代入公式，即可获得公式解。

实现该公式解的 MATLAB 代码如下：

```
c=func(2983,2983,0.015,0.022,0.12,0.25)
function[call]=func(s0,smin,r,q,sigma,T)
a1=(log(s0/smin)+(r-q+1/2*sigma*sigma)*T)/(sigma*sqrt(T));
a2=a1-sigma*sqrt(T);
a3=(log(s0/smin)+(-r+q+1/2*sigma*sigma)*T)/(sigma*sqrt(T));
y=-(2*(r-q-1/2*sigma*sigma)*log(s0/smin))/(sigma*sigma);
call=s0*exp(-q*T)*normcdf(a1)-s0*exp(-q*T)*(sigma*sigma/(2*(r-q)))*normcdf(-a1)-
smin*exp(-r*T)*(normcdf(a2)-(sigma*sigma/(2*(r-q)))*exp(y)*normcdf(-a3));
end
```

由以上公式得到的解析价格为 136.9175。结合之前求出的结果，可以看到该解析价格与 $H = 0.5$，模拟次数 5000，步长为 100 时的蒙特卡洛模拟价格 136.9460 十分接近，由模拟误差 = |模拟价格 - 公式价格|可知，此时的模拟误差十分小，为 2.85%，可视为正常误差。根据这一结果，我们可以验证普通布朗运动其实就是 H 值为 0.5 时的分数布朗运动，一般布朗运动是分数布朗运动的一个特例。

参考文献

［1］洪铁松. 蒙特卡洛方法在金融衍生品定价上的应用［J］.金融经济，2015（18）：91-93.

［2］彼得斯. 资本市场的混沌与秩序：一个关于商业循环、价格和市场变动的新视点

［M］.2 版.王小东,译.北京:经济科学出版社,1999:9－18,34－81.

［3］张尧天.A 股市场单分形结构研究——基于分形市场假说［D］.北京:首都经济贸易大学,2017.

［4］冯德育.回望期权定价研究［D］.北京:北方工业大学,2009.

［5］张利花.路径依赖型期权定价模型和方法研究［D］.广州:华南理工大学,2013.

［6］黄澍.蒙特卡洛方法对两种奇异期权的定价［N］.期货日报,2012－05－09.

［7］桑利恒.标的资产带有红利支付的回望期权定价［J］.长春大学学报,2014,24 (12):1671－1674.

［8］任芳玲,乔克林.一类特殊欧式期权定价模型的 MATLAB 算法［J］.计算机与数字工程,2016,45（7）:1195－1199.

基于 GARCH 过程的回望式期权定价

首先，本实验介绍了选择回望式期权作为定价产品和选择创业板指数作为研究市场的原因。其次，建立了基于蒙特卡洛模拟的欧式浮动回望看跌期权定价模型和基于二叉树的美式浮动回望看跌期权定价模型；针对波动率建立了 GARCH（1，1）预测模型。最后，在定价应用中使用了 GARCH（1，1）模型预测了创业板指数未来一年的年化波动率为27.32%；使用蒙特卡洛模拟算法对创业板指数的欧式浮动回望看跌期权进行定价实践，最终期权的价格为 480.42，标准差为 7.01；使用二叉树算法对创业板指数的美式浮动回望看跌期权定价实践，最终期权的价格为 471.69，其中二叉树上涨的概率 p 为 0.49，下跌的概率 q 为 0.51。

一、引言

（一）选题背景

经济的全球化和金融的自由化促使金融工具不断创新。20 世纪 70 年代中期，世界经济发生了重大转折，布雷顿森林体系的瓦解、"石油危机"的冲击、发达国家相对地位的变化使得世界经济格局重新调整。同时，欧美各国相继放宽金融管制，为金融创新提供了机会。一些发达国家在银行的资产负债管理、利率管理、非银行金融机构业务的限制等方面都逐步放宽限制。各类金融机构面临的不再是来自政府的压力，而是来自市场的压力，流动性、安全性、盈利性的提高成了金融衍生工具包括新型期权等问世的主要原因。

近年来，金融衍生品市场的发展已成为影响全球经济发展的重要因素。在现代金融理论和实践中，各种衍生证券的定价是很重要的问题。目前，全球各种衍生证券的交易总和已超过万亿美元。金融衍生品市场的四种基本金融工具是：远期、期货、互换和期权。期权，是一种选择权，指的是一种能在未来某特定时间以特定价格买入或卖出一定数量的某种商品的权利。期权不仅有期货卖空、套期保值、杠杆性等特点，还在风险管理和价格发现方面具有更重要的作用，因此自 1973 年以来，尤其是近 20 年，期权已成为最有活力的金融衍生产品。这些特点加快了中国境内证券市场推出期权这一衍生工具的步伐。

随着期权交易市场的不断发展完善，原有的期权逐渐不能满足交易者的需求。应金融市场发展的要求，路径依赖型期权陆续在各个期权交易市场上推出。路径依赖型期权的特点是期权的定价与标的资产的价格变化有关，不像标准的欧式期权，其价格只依赖于到期日的标的资产价格、交割价格和到期期限。路径依赖型期权的价格还依赖于时间内标的资产的价格。路径依赖型期权有很多种，主要有障碍期权、亚式期权、回望期权、打包期权、复合期权等。美式期权由于其执行时间不确定，其价格与标的资产价格有关，所以也是路径依赖型期权。各种路径依赖型期权的推出，满足了不同投资者规避不同风险的需求，极大程度上完善了期权交易市场。学生把期权作为研究对象可以更好地理解金融衍生品，丰富自身的见识，故本实验将期权作为研究对象。

（二）回望式期权

期权是一份具有选择权的合约，期权买方拥有在约定期限的时间内以约定价格买入或卖出标的资产的权利；而期权卖方则通过卖出这样一份权利获取权利金，但期权卖方也同时承担了兑付合约的义务。期权合约中注明的日期被称为到期日，注明的价格被称为执行价格。期权，实质上是一种权利的买卖。在交易过程中，买卖双方权利义务的不对等导致收益结构是不对称的，期权买方被赋予买进或卖出标的物的权利，但不负有必须买进或卖出的义务，卖方则需备有保证金，其只有履约的义务，而没有其他的选择。

期权种类繁多，因为在现实中的期权按交易方式、执行价格、方向和标的资产等多种因素进行划分。按行权时间的不同划分，期权主要有欧式期权和美式期权两种类型。欧式期权是指在期权合约规定的到期日方可行使权利，期权买方不能在合约到期日之前行使权利，而如果过了约定期限，合约则自动作废。美式期权是指在期权交易期限内的任一时点，期权持有者都可以行使权利。

此外还有许多期权的高级衍生品，其中笔者最感兴趣的是回望式期权。回望式期权是一种新型期权，是由金融机构设计的以满足市场特殊需求的产品，在场外交易。回望式期权的收益依附于期权有效期内股票达到的最大或最小价格。回望式期权一般可分为固定执行价格回望式期权和浮动执行价格回望式期权。具有浮动执行价格的回望式期权是指，在期权到期日，持有人以最后标的资产价格与标的资产在有效期内达到的最低价格和最高价格的差价作为收益；另一种回望式期权是指固定执行价格的回望期权，应用价值较小，我们这里讨论的都是前者。所以回望式期权是本实验所讨论的高级金融衍生品。

（三）创业板指数

关于对研究市场的选择，笔者选择了创业板市场。创业板对我国主板市场起到了有效的补充作用，在中国资本市场中处于主导地位。中国创业板的建立，是中小企业经营发展到一定阶段的产物，同时也是我国资本市场发展的必然结果。我国创业板的设立对于一些科技创新型中小企业的迅速成长起着十分重要的作用。2009 年 3 月 31 日，我国证监会出台了《首次公开发行股票并在创业板上市管理暂行办法》；2009 年 9 月 13 日，我国证监会定于 9 月 17 日主办创业板第一次发审会，并对七家企业进行审核，这意味着我国创业板市场即将全面开启。2009 年 10 月 23 日我国创业板正式宣布开启，在 10 月 30 日以特锐德公司、神州泰岳公司为首等第一批 28 个公司全面挂牌上市，至此中国创业板市场正式成立。

我国创业板上市公司要求达到"两高六新"的标准，其中"两高"指的是产品科技含量与成长性高。而"六新"指的是新服务、新农业、新材料、新经济、新能源和新的商业模式。我国创业板作为培养成长型与创新型企业的一个孵化器，更好地促进了中国经济体制转型。截至 2012 年末，我国创业板市场刚好运行满 3 周年。在这期间，中国创业板三百多家上市公司大多都具备"两高六新"的特性。同我国沪市与深市那些主板上市公司相比，中国创业板上市公司都表现出较高的成长性与科学技术含量，以及新产业、新经济含量高的特点。以上特点归功于我国创业板市场监管方对于申请上市企业的严格把关，使得上市公司均满足"两高六新"的基本要求。由于中国创业板上市公司的性质为民营和私营，国有资本不容易进入创业板。虽然中国创业板的上市标准、对申请上市公司性质和产业属性的要求较主板来说相对较低，但监督和管理控制的力度更为严格，且监管层还出台了严格的创业板退市制度。因此将创业板作为研究对象是合理的，此举可以加深对创业板和期权定价的理解。

二、定价模型假设与符号说明

（一）模型假设

（1）标的股票价格是随机波动的，服从几何布朗运动。
（2）允许卖空期权标的股票，其所得收入可任意使用。
（3）无交易佣金和税收等任何费用，标的证券可无限分割。
（4）在期权合约期限内，股票不分派股息或其他支付。
（5）不存在无风险套利机会。
（6）证券的交易是不间断进行的。
（7）无风险利率 r 对所有合约期限是相同的，为常量。

（二）符号说明

符号说明如表 4 -1 所示。

表 4 -1　符号说明

符号	说明
S	标的资产价格
f	期权价格
σ^2	方差、波动率
r	无风险利率

（续上表）

符号	说明
q	派息率
d	二叉树下跌概率
u	二叉树上涨概率

三、回望式期权定价模型的建立

回望式期权按交易规则分为欧式回望式期权和美式回望式期权；按照执行价格不同又分为浮动回望式期权和固定回望式期权；还有最基础的看跌期权和看涨期权。由于浮动回望式期权较于固定回望式期权更加灵活，使用的次数也更多，本实验的研究对象是浮动回望式期权。由于看涨和看跌期权的定价方式相近，本实验仅以看跌期权为例建立欧式浮动回望式看跌期权和美式浮动回望式看跌期权的定价模型。

（一）基于蒙特卡洛的欧式回望式期权模型建立

1. 欧式回望式期权

浮动回望式看跌期权的收益等于期权有效期内标的资产的最高价格超出最后标的资产价格的差价。欧式浮动回望式期权在前面的模型假设前提下具有精确的定价公式（Hull，2011）：

$$p_n = S_{max} e^{-rt} \left[N(b_1) - \frac{\sigma^2}{2(r-q)} e^{Y_2} N(b_3) \right] + S_0 e^{-qT} \frac{\sigma^2}{2(r-q)} N(-b_2) - S_0 e^{-qT} N(b_2)$$

式中：

$$b_1 = \frac{\ln(S_{max}/S_0) + (-r+q+\sigma^2/2)T}{\sigma\sqrt{T}}$$

$$b_2 = b_1 - \sigma\sqrt{T}$$

$$b_3 = \frac{\ln(S_{max}/S_0) + (r+q-\sigma^2/2)T}{\sigma\sqrt{T}}$$

$$Y_2 = \frac{2(r+q-\sigma^2/2)\ln(S_{max}/S_0)}{\sigma^2}$$

但这条定价公式建立在诸多假设的前提下，我们可以使用蒙特卡洛模拟法进行定价实验来放宽一些假设，同时加深对蒙特卡洛算法的认识。

2. 蒙特卡洛模拟法

蒙特卡洛模拟法是把概率现象作为研究对象的数值模拟方法，是按抽样调查法求取统计值来推定未知特性量的计算方法。由于蒙特卡洛方法特别适用于模拟输入显著不确定的现象，所以在期权定价中也被广泛应用。影响期权价值的变动因素非常多，因此期权价值的不确定性是由多重因素导致的。在数理金融中，蒙特卡洛期权模拟法是用蒙特卡洛方法计算由多个不同因素导致不确定性的期权的价值。蒙特卡洛模拟法的简单步骤是：

（1）通过模拟产生数千条可能的标的资产价格的路径。

（2）计算每条路径对应的期权的支付价值。

（3）对所有的支付价值求平均值。

（4）将上述平均值折现，这个折现值就是期权的价值。

我们假定在风险中性世界中，标的资产的市场价格服从以下广义维纳过程（朱陆陆，2014）：

$$dS = \hat{\mu}Sdt + \sigma Sdz$$

其中，dz 是维纳过程，S 为标的资产价格，$\hat{\mu}$ 为标的在风险中性世界里的收益率期望，σ 为波动率。然后我们将期权期限 T 分割成 N 个相等的时间段 Δt，以模拟出标的价格 S 的路径，可将上式近似化为：

$$S(t + \Delta t) - S(t) = \hat{\mu}S(t)\Delta t + \sigma S(t)\varepsilon\sqrt{\Delta t}$$

由此得到一个几何布朗运动，其中 $S(t)$ 为 S 在 t 时刻的值，ε 为服从标准正态分布的抽样。

在实际中，对 $\ln S$ 抽样会比对 S 抽样准确，根据伊藤引理，我们可以得到（邵伟，2012）：

$$d\ln S = \left(\hat{\mu} - \frac{\sigma^2}{2}\right)Sdt + \sigma dz$$

重复以上过程，我们可以得到：

$$\ln S(t + \Delta t) - \ln S(t) = \left(\hat{\mu} - \frac{\sigma^2}{2}\right)\Delta t + \sigma\varepsilon\sqrt{\Delta t}$$

等价于：

$$S(t + \Delta t) = S(t) e^{\left(\hat{\mu} - \frac{\sigma^2}{2}\right)\Delta t + \sigma \varepsilon \sqrt{\Delta t}}$$

以上便是蒙特卡洛模拟的定价过程,适用于欧式浮动回望式期权的定价实践。

(二) 基于二叉树的美式回望式期权模型建立

美式期权由于在期权有效期可以随时行权,并不能使用普通的蒙特卡洛算法来定价,故我们使用二叉树对美式回望式期权定价。

美式浮动回望式期权和欧式浮动回望式期权的区别是美式可以随时行权,所以在对美式浮动回望式期权进行定价的时候,不仅要把二叉树算出来,还要在二叉树的路径上寻找最优的行使期权的时间点。

二叉树的核心逻辑是无套利机会,考虑一个由一份期权空头头寸和 Δ 只股票的多头所组成的投资组合。我们可以找到一个 Δ 使该投资组合不具有任何风险。如果标的股票价格上涨,在期权到期时交易组合的价值为(u 为上涨概率):

$$S_0 u \Delta - f_u$$

如果标的股票价格下跌,在期权到期时交易组合的价值为(d 为下跌概率):

$$S_0 d \Delta - f_d$$

令以上两个值相等,即:

$$S_0 u \Delta - f_u = S_0 d \Delta - f_d$$

则可以得出:

$$\Delta = \frac{f_u - f_d}{S_0 u - S_0 d}$$

所以构造交易组合的初始成本为:

$$S_0 \Delta - f = (S_0 u \Delta - f_u) e^{-rT}$$

则期权价格为:

$$f = S_0 \Delta (1 - u e^{-rT}) + f_u e^{-rT}$$

将 Δ 用上面的式子化简之后便可得到期权价格:

$$f = S_0 \left(\frac{f_u - f_d}{S_0 u - S_0 d} \right) (1 - u e^{-rT}) + f_u e^{-rT}$$

多步二叉树也是如此展开后计算期权的价格，面对美式期权则需要从树的末端倒推计算，在树的每一个节点上需要检验提前行使期权是否为最优，如果是最优的，则在此点行使期权。与普通美式期权不同的是，期权收益需变为回望式期权收益，通过比较期权有效期内股票达到的最大值与现值的差价来确定。

（三）基于 GARCH 估计波动率模型建立

由 GARCH 模型得出波动率是关于时间的函数，那么我们首先假设描述标的变量的几何布朗运动中的波动率为时间的函数。这时，期权定价公式的方差率应该为期权期限内方差率的平均值，即 σ 用 $\sqrt{v}$ 代替。因要求期权价格，首先要求出关于时间变量的波动率函数 $\sigma(t)$ 的均值 $\overline{V}$。

应用 GARCH（1，1）模型，在 $n-1$ 天结束时估计第 n 天的方差为：

$$\sigma_n^2 = (1 - \alpha - \beta) V_L + \alpha u_{n-1}^2 + \beta u_{n-1}^2$$

因此：

$$\sigma_n^2 - V_L = \alpha (u_{n-1}^2 - V_L) + \beta (\sigma_{u-1}^2 - V_L)$$

在将来第 $n+t$ 天，有：

$$\sigma_{n+t}^2 - V_L = \alpha (u_{n+t-1}^2 - V_L) + \beta (\sigma_{n+t-1}^2 - V_L)$$

u_{n+t-1}^2 的期望值为 σ_{n+t-1}^2，因此：

$$E(\sigma_{n+t}^2 - V_L) = (\alpha + \beta) E(\sigma_{n+t-1}^2 - V_L)$$

其中，E 表示期望值，重复应用这一方程，可以得到：

$$E(\sigma_{n+t}^2 - V_L) = (\alpha + \beta)^t E(\sigma_n^2 - V_L)$$

做一下变换，得到第 $n+t$ 天的波动率：

$$E(\sigma_{n+t}^2) = V_L + (\alpha + \beta)^t E(\sigma_n^2 - V_L)$$

得到第 $n+t$ 天的波动率之后，将波动率年化即可得到年化波动率。

四、回望式期权定价模型的应用

（一）合约制定

本实验的研究市场为创业板市场，故针对创业板市场建立了一个回望式期权合约，如表 4 - 2 所示：

表 4 - 2　合约主要参数

期权类型	欧式/美式回望式看跌期权
标的资产	创业板指数
创业板指数现价	2158
期权执行价格	2158
无风险利率	1.59%
标的资产分红率	0%
波动率	σ
到期时间	1 年
期权持续时间	2020 年 6 月 1 日至 2021 年 6 月 1 日
合约手数	1

注：无风险利率是 2020 年 6 月 1 日的一年期国债的收益率。
数据来源：中华人民共和国财政部。

（二）基于 GARCH 估计波动率模型的应用——使用创业板指数

数据区间：创业板指数 2019 年 6 月 1 日至 2020 年 6 月 1 日。

具体估计步骤如下（以下步骤均使用 MATLAB 完成，代码见附录）：

数据获取：通过 Tushare 接口获取创业板指数去年一年的数据，将指数转化为收益率，对该时间序列数据进行 ADF 单位根检验，结果表明该时间序列是平稳的，可以使用时间序列模型。通过计算自相关和偏自相关函数图确定 GARCH 的滞后阶数为 3 阶。估计 GARCH 模型的参数，其中 GARCH 项为 0.87，ARCH 项为 0.10，均在 99% 显著水平以上。

```
GARCH(1,1) Conditional Variance Model (Gaussian Distribution)

Effective Sample Size: 242
Number of Estimated Parameters: 3
LogLikelihood: 657.841
AIC: -1309.68
BIC: -1299.21

                   Value        StandardError      TStatistic        PValue
                 ---------      -------------      ----------      ----------

Constant         1.0288e-05       6.278e-06          1.6388         0.10126
GARCH{1}         0.86924          0.047039          18.479          3.0267e-76
ARCH{1}          0.096305         0.032702           2.9449         0.0032301
```

图 4 - 1　GARCH 参数估计结果

随后计算无条件方差即波动率，并将波动率年化。最后预测的 2020 年 6 月至 2021 年 6 月的年化波动率为 27.32%

五、回望式期权定价模型的应用——使用创业板指数

（一）欧式浮动回望式看跌期权定价

本实验使用 DG400 对欧式浮动回望式看跌期权进行蒙特卡洛定价应用。相关参数的设置如表 4 - 3 所示：

表 4 - 3　蒙特卡洛模拟定价所使用的主要参数

定价参数	数值
股票价格	2158
无风险利率	1.59%
派息率	0%
期权期限	1 年
股票历史价值最大值	2287.31
股票历史价值最小值	1411.61
波动率	27.32%
蒙特卡洛步数	200
随机种子个数	100

操作界面如图 4 - 2 所示：

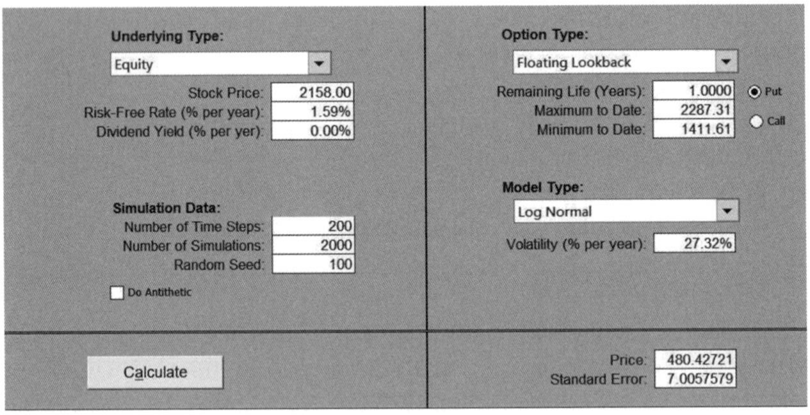

图 4 - 2 计算过程截图

最后计算得到的期权价格为 480.42，标准差为 7.01。

（二） 美式浮动回望式看跌期权定价

使用 MATLAB 对美式浮动回望式看跌期权进行二叉树定价应用（代码见附录）。相关参数的设置如表 4 - 4 所示：

表 4 - 4 二叉树定价所使用的主要参数

定价参数	数值
股票价格	2158
无风险利率	1.59%
派息率	0%
期权期限	1 年
波动率	27.32%
二叉树步数	200

计算得到的期权价格为 471.69，其中二叉树上涨的概率 p 为 0.49，下跌的概率 q 为 0.51。

六、结语

本实验在相关前提下使用了 GARCH（1，1）模型预测了创业板指数未来一年的年化波动率为 27.32%。通过蒙特卡洛模拟算法对创业板指数的欧式浮动回望式看跌期权进行定价实践，最终期权的价格为 480.42，标准差为 7.01；使用二叉树算法对创业板指数的美式浮动回望式看跌期权定价实践，最终期权的价格为 471.69，其中二叉树上涨的概率 p 为 0.49，下跌的概率 q 为 0.51。

参考文献

［1］HULL J C. Options，futures，and other derivatives［M］.8th ed. New York：Pearson Education Inc.，2011.

［2］朱陆陆.蒙特卡洛方法及应用［D］.武汉：华中师范大学，2014.

［3］邵伟.蒙特卡洛方法及在一些统计模型中的应用［D］.济南：山东大学，2012.

［4］宫文秀，许作良.基于 GARCH 模型的三叉树期权定价方法［J］.数学的实践与认识，2020，50（7）：106－114.

［5］张利花.路径依赖型期权定价模型和方法研究［D］.广州：华南理工大学，2013.

附　　录

```
1.GARCH 模型 MATLAB 代码
close all
clear
clc
% 读取数据
stockcode = '399006.SZ';
diary([stockcode,'.txt'])
addpath(genpath(pwd));
token = '23c2022b2f6a5ffdc2c2767f7583bc276360b39753f7d987b44c6540';
api = pro_api(token);
start_time = '20190601';
end_time = '20200601';
ktype = 'D';
data = pro_bar(stockcode, api, start_time, end_time,ktype,'I','qfq');

% 翻转数据
data = flipud(data);
temp = data.trade_date;
temp = char(temp);
temp = str2num(temp);
tradedate = datetime(temp,'ConvertFrom','yyyymmdd','format','yyyy-MM-dd');
```

```matlab
% 计算对数收益率
ret = price2ret(data.close);
% 绘制对数收益率图
x = tradedate(1:end-1);
figure;
plot(x,ret);
title([stockcode,'日收益率'])
saveas(gcf,[stockcode,'日收益率图.jpg']);

% 可以看出波动聚集
disp([stockcode,' 波动率预测']);
% 描述性统计
mu = mean(ret);
ret_median = median(ret);
ret_max = max(ret);
ret_min = min(ret);
sigma = std(ret);
ret_skew = skewness(ret);
ret_kurt = kurtosis(ret);
% h 为测试结果,若 h=0,则可以认为 X 是服从正态分布的;若 h=1,则可以否定 X 服从
正态分布;
% p 为接受假设的概率值,P 越接近于 0,则可以拒绝是正态分布的原假设;
% jbstat 为测试统计量的值;
% cv 为是否拒绝原假设的临界值.
[h,p,jbstat,cv]=jbtest(ret);
disp(['收益序列均值为',num2str(mu)]);
disp(['收益序列中位数为',num2str(ret_median)]);
disp(['收益序列最大值为',num2str(ret_max)]);
disp(['收益序列最小值为',num2str(ret_min)]);
disp(['收益序列标准差为',num2str(ret_max)]);
disp(['收益序列偏度为',num2str(ret_skew)]);
disp(['收益序列峰度为',num2str(ret_kurt)]);
disp(['收益序列 jb 统计量为',num2str(jbstat)]);

% adf 单位根检验
alpha=0.1;
disp('%%%%%%%%%%%%%%%%%%%%%%%%%%%%%%');
[h1,pValue,stat,cValue] = adftest(ret,'alpha',alpha);
fprintf(['在%d%%的置信水平下，单位根检验统计量为%f,\n',...
```

```
        '临界值为%f，概率为%f\n'],alpha*100,stat,cValue,pValue);

alpha=0.05;
disp('%%%%%%%%%%%%%%%%%%%%%%%%%%%');
[h2,pValue,stat,cValue] = adftest(ret,'alpha',alpha);
fprintf(['在%d%%的置信水平下，单位根检验统计量为%f,\n',...
        '临界值为%f，概率为%f\n'],alpha*100,stat,cValue,pValue);

alpha=0.01;
disp('%%%%%%%%%%%%%%%%%%%%%%%%%%%');
[h3,pValue,stat,cValue] = adftest(ret,'alpha',alpha);
fprintf(['在%d%%的置信水平下，单位根检验统计量为%f,\n',...
        '临界值为%f，概率为%f\n'],alpha*100,stat,cValue,pValue);

at=ret-mu
% 通过残差平方的偏自相关函数判断 arch 模型阶数
figure;
plot(x,at.^2);
name = [stockcode,' 收益率残差平方序列图'];
title(name);
saveas(gcf,[name,'.jpg']);


figure;
subplot(2,1,1);
autocorr(at.^2);
name = [stockcode,' 收益率残差平方序列自相关函数图'];
title(name);
subplot(2,1,2);
parcorr(at.^2);
name = [stockcode,' 收益率残差平方序列偏自相关函数图'];
title(name);
name = [stockcode,' 收益率残差平方序列自相关和偏自相关函数图'];
saveas(gcf,[name,'.jpg']);


% 拉格朗日乘子检验
lags = 3;
alpha=0.05;
disp('%%%%%%%%%%%%%%%%%%%%%%%%%%%');
disp('arch 效应拉格朗日乘子检验');
```

```matlab
[h,pValue,stat,cValue] = archtest(at,'Lags',lags,'Alpha',alpha);
fprintf(['在%d%%的置信水平下，滞后阶数为%d 时,检验统计量为%f,\n',...
    '临界值为%f，概率为%f\n'],alpha*100,lags,stat,cValue,pValue);

% garch 模型建立
disp('%%%%%%%%%%%%%%%%%%%%%%%%%%');
md = garch(1,1);
disp('garch 模型参数估计');
estMd = md.estimate(ret,'Display','off');
summarize(estMd);

% 无条件方差即波动率计算
sigma = estMd.Constant/(1-estMd.GARCH{1}-estMd.ARCH{1});
% 年化
y = 250;
sigma_y = sqrt(sigma*y);
fprintf('假定一年为%d 天，年化波动率为%f\n',y,sigma_y);
diary off
```

2. 基于二叉树美式浮动回望式看跌期权定价的 MATLAB 代码

```matlab
%计算构建二叉树所需要的参数
s0=2158
sigma=0.2732
rfrate=0.0159
q=0
t=1
ngrid=200

a=exp((rfrate-q)*t/ngrid);
u=exp(sigma*(t/ngrid)^0.5);
d=1/u;
p=(a-d)/(u-d);
q=1-p;

X=cell(ngrid+1,ngrid+1);
for i=1:(ngrid+1)
    for j=1:i
        for k=1:j
            X{i,j}.StrikeV(k)=S(s0,u,d,i-k+1,j-k+1)-S(s0,u,d,i,j);
```

```
            end
        if(i==ngrid+1)
                X{ngrid+1,j}.OptV=X{ngrid+1,j}.StrikeV;
        end
    end
end
for subi=ngrid:-1:1
    for subj=1:subi
        X{subi,subj}.NoStrikeV(1)=exp(-rfrate*t/ngrid)*...
                (p*X{subi+1,subj}.OptV(1)+q*X{subi+1,subj+1}.OptV(2));
        if(subj>1)
                for subk=2:subj
                    X{subi,subj}.NoStrikeV(subk)=exp(-rfrate*t/ngrid)*...

                            (p*X{subi+1,subj}.OptV(subk-1)+q*X{subi+1,subj+1}.
                            OptV(subk+1));
                end
        end
        X{subi,subj}.OptV=max(X{subi,subj}.NoStrikeV,X{subi,subj}.StrikeV);
    end
end

putprice=X{1,1}.OptV;

function s=S(szero,u,d,i,j)
s=szero*u^(i-1)*d^(2*(j-1));
end
```

实验五
基于碳排放权的衍生品定价

碳排放权市场建设是我国发展低碳经济的重要一环。随着我国碳交易现货市场交易额不断扩大、交易机制不断完善，市场各方对碳金融衍生品的需求也越来越强烈。在此背景下，本实验以广州碳排放权交易所 2019 年 1 月 1 日至 12 月 31 日期间日度碳交易数据为样本，分别对基于碳配额品种 GDEA 的亚式期权、回望式期权开展了定价实践。由于两种期权都属于路径依赖型衍生品，因而采用蒙特卡洛进行定价，并通过 MATLAB 软件编程实现。此外，本实验还考虑了碳排放权收益率序列的异方差现象，提出使用 GARCH 模型估计变化波动率，并以此数据再次完成期权定价。更进一步，本实验还通过方差缩减程序降低了估计标准误差，提高了计算效率，同时计算了亚式期权的希腊值并提出了一个简易的动态对冲策略。

一、引言

随着我国经济发展进入新常态，国家越来越倡导可持续发展的低碳经济。"既要金山银山，也要绿水青山"，道出了我国经济要从粗放式增长转型到高质量绿色增长的诉求。其中，建设碳排放权市场交易机制，便是发展我国低碳经济的重要渠道，是一项利用市场机制控制减少温室气体排放、推动绿色低碳发展的重大创新实践。碳排放权是有价值的资产，可作为商品在市场上交换——减排困难的企业可以向减排容易的企业购买碳排放权，后者替前者完成减排任务，同时也获得收益。自此诞生了碳排放权/配额交易市场。

虽然近年来我国碳交易市场交易额稳步增长，纳入碳交易体系的行业范围也在不断扩大，但是与欧美国家成熟的碳交易市场相比，仍然存在制度上的不小差距。主要原因便是没有政策支持的我国碳金融市场迟迟未能发展起来。尽管如此，部分试点交易所还是尝试推出了不少碳金融衍生品，如碳远期、碳期货、碳期权等。可以展望，随着我国碳排放权现货市场的发展壮大，未来市场各方对碳金融衍生品的需求也会不断扩大。

那么在此背景下，本实验将以碳排放权作为标的资产，采用国际上流行的两种高级金融衍生品形式——亚式期权和回望式期权，借助蒙特卡洛模拟法对这两种特殊的碳期权的看涨、看跌期权完成了定价实践。本实验考虑了亚式期权的几个变种形式（算术平均、几何平均等）以及回望式期权的两种形式（浮动、回望），并注意到这两类期权均是路径依赖型衍生品，因而均采用蒙特卡洛模拟法完成定价。

同时，笔者发现碳排放权收益率序列存在条件异方差现象，因而不能假定其波动率为常数，故采用 GARCH 模型导出变化的波动率，再使用蒙特卡洛模拟法完成定价。针对蒙特卡洛模拟法耗费时间长、计算精度过度依赖于抽样次数的问题，笔者采用了对偶变量技巧法、矩匹配法等方差缩减程序，提高了计算效率并有效降低了估计标准误差。最后，笔者还使用蒙特卡洛模拟法计算了亚式期权的希腊值并就 *Delta* 与 *Gamma* 中性目标提出了一个简易的动态对冲策略。

本实验的意义与贡献在于：①丰富了我国碳金融衍生品形式。现有成果中，学者、从业人员大多从普通欧式期权的角度对碳期权定价问题进行研究，并采取 BSM 理论模型定价的方法，可拓展性不强（不是所有的期权都有解析解）。本实验采用蒙特卡洛模拟定价，对两种全新的碳期权完成了定价，具有一定创新性。②考虑了收益率序列可能存在条件异方差现象，并提出 GARCH 模型修正波动率，从样本序列内导出变化的波动率序列，用于蒙特卡洛模拟定价，可以更好地得到符合市场现状的期权价格，有一定的实践贡献。③本实验还梳理了期权的设计、定价、对冲的全过程，对金融工程初学者有一定的参考价值。

二、背景介绍——碳排放权

（一）碳排放权与碳交易

联合国政府间气候变化专门委员会通过艰难谈判，于 1992 年 5 月 9 日通过《联合国气候变化框架公约》。该公约的附加协议把市场机制作为解决以二氧化碳为代表的温室气体减排问题的新路径，即把二氧化碳排放权作为一种商品，从而形成了二氧化碳排放权的交易，简称碳交易。碳交易基本原理是，合同的一方通过支付另一方获得温室气体减排额，买方可以将购得的减排额用于减缓温室效应从而实现其减排的目标。

碳交易被区分为两种类型：配额型和项目型。碳交易包含三种机制：清洁发展机制、联合履行、排放交易。碳配额是政府分配给重点排放单位指定时期内的碳排放额度，是碳排放权的凭证和载体。1 单位配额相当于 1 吨二氧化碳当量（CO_2e）。碳排放权配额是我国各试点碳交易市场的交易对象。碳配额指总量管制下所产生的排减单位，此类交易通常是现货交易。

（二）我国碳交易市场现状

2011 年 10 月国家发展改革委印发《关于开展碳排放权交易试点工作的通知》，批准北京、上海等七省市开展碳交易试点工作。2017 年 12 月 19 日，经国务院同意，国家发展改革委印发了《全国碳排放权交易市场建设方案（发电行业）》，标志着我国碳排放交易体系完成了总体设计，全国统一碳排放权市场正式启动交易。全国碳市场覆盖 8 大部门 32 个行业近 10000 家企业，涉及年均约 40 亿～45 亿吨的碳排放量，占全国碳排放量近

50%。2013 年以来我国 7 个试点碳市场先后启动，截至 2019 年 12 月，7 个试点碳市场已经累计完成了 1.8 亿吨线上配额交易量，达成线上交易额 41.3 亿元。

表 5-1 2019 年我国各试点碳市场交易概况

试点市场	配额总成交量（吨）	配额总成交额（元）	成交均价（元/吨）
北京	3068544	255530753	83.27
上海	2610222	109961028	41.70
广东	44659311	846579709	18.96
深圳	8425353	91311321	10.84
湖北	6128611	180772065	29.50
天津	620484	8685172	14.00
重庆	51160	353538	6.91
福建	4065266	68681147	16.89
全国	69628951	1561874733	22.43

数据来源：中国碳排放交易网。

广东全省碳市场累计成交碳排放配额吨量（约占 64%）和金额（约占 54%）均位居全国第一。因此，当年的全国均价 22.43 最接近于广东碳交易市场的均价 18.96。下文将选择广东碳配额品种 GDEA 的交易数据进行期权定价实践，因为相较其他省份而言，广东碳排放权价格市场化程度最高，政府层面的价格干预较少。一般来说，配额交易量越大，更可能发现配额的真实价值。

（三）碳期权

2017 年 7 月，全国碳排放配额首笔期权交易在广东达成。碳期权是在碳期货基础上产生的一种碳金融衍生品，是指交易双方在未来某特定时间以特定价格买入或卖出一定数量的碳标的的权利，其本质是一种选择权，碳期权的持有者拥有在规定的时间内选择买或不买、卖或不卖的权利，可以实施该权利，也可以放弃该权利。

因此与碳期货一样，碳期权可以帮助买方规避碳价波动所带来的风险，具备一定的套期保值功能。期权的购买者能够通过区别购买看涨期权或者看跌期权锁定收益水平。此外，还可以通过对不同期限、不同执行价格的看涨期权和看跌期权的组合买卖来达到锁定利润、规避确定风险的目的。目前比较常见的合约为 EUA 期货期权、CER 期货期权以及 ERU 期货期权。

（四）我国碳交易市场的发展前景

从长期来看，最主要的风险来自碳市场自身的发展。因此，需要通过远期、期货等碳金融衍生产品的开发、碳金融服务创新等手段，完善碳金融体系的建设。而作为交易机构和清算机构，需要做的是更加积极地探索相关金融衍生品的开发和创新，并在确保风险可控的前提下，提供管理和运行制度上的便利。

预计"十四五"期间，全国碳市场的配额将达到 30 多亿吨，覆盖我国二氧化碳排放总量的 30% 左右。当前我国已经实现了 2020 年的碳强度在 2005 年的基础上降低 40% ~ 45% 的碳强度减排目标，未来全国碳市场的顺利运行，将对我国实现二氧化碳排放在 2030 年之前尽早达峰这一目标发挥积极的促进作用。

总而言之，我国的碳排放权交易处于上升期，各项交易机制以及监管机制越来越规范、完善、成熟，为更深层次的碳金融产品与服务创新创造基础与条件。与此同时，交易商、金融机构对碳金融衍生品的需求也会不断扩大。本实验正是在此背景下，结合国际上热门的金融创新产品形式，以我国的碳排放权为基础资产，提出了两种新的碳金融衍生品的定价机制，具有较强的现实意义，对我国构建碳衍生品市场也有一定的指导意义。

三、模型准备与相关方法

（一）B – S – M 模型

哈佛商学院教授罗伯特·默顿（Robert Merton）和斯坦福大学教授迈伦·斯克尔斯（Myron Scholes）创立和发展了 B – S – M 期权定价模型，为包括股票、债券、货币、商品在内的新兴衍生金融市场的各种以市场价格变动定价的衍生金融工具的合理定价奠定了基础。

推导 B – S – M 模型需要满足 7 个重要假设：①股票价格服从几何布朗运动（维纳过程），收益率期望与波动率为常数；②可以卖空证券；③无交易费用和税收，所有证券无限可分；④到期前不支付红利；⑤期权期限内不存在无风险套利机会；⑥证券交易连续进行；⑦短期无风险利率 r 为常量。

B – S – M 模型的看涨、看跌期权定价公式为（欧式）：

$$c = S_0 N(d_1) - Ke^{-rT} N(d_2)$$

$$p = Ke^{-rT} N(-d_2) - S_0 N(-d_1)$$

$$d_1 = \frac{\ln(S_0/K) + (r + \sigma^2/2)T}{\sigma\sqrt{T}}$$

$$d_2 = \frac{\ln(S_0/K) + (r + \sigma^2/2)T}{\sigma\sqrt{T}} = d_1 - \sigma\sqrt{T}$$

其中，最重要的五个参数为初始资产价格 S_0、执行价格 K、期权到期期限 T、无风险利率 r 以及资产价格的波动率 σ。$N(x)$ 表示标准正态分布的累积概率分布函数。

（二）碳期权的属性

本实验开展以碳排放权为基础资产的高级衍生品定价实践，是建立在 B－S－M 模型的基础上的，那么 B－S－M 模型在碳期权交易中是否适用呢？由于现实世界里各种因素的干扰，没有哪项资产是严格服从 B－S－M 模型的 7 个假设的，但是只要满足基本假设，依然可以利用 B－S－M 计算衍生品的基准价格。

关于 B－S－M 模型在碳期权定价中的适用性问题，早有学者对其进行了详细分析（张玥，2011；何楠，2013）：①碳排放权交易价格变动相对稳定，碳排放权的收益率呈现正态分布，碳排放权价格服从对数正态分布。短期内，不发生大规模技术革新的情况下，减排成本比较稳定。2017 年下半年，全国统一碳排放权市场正式启动交易。图 5－1 为当时碳排放权对数价格、收益率的概率分布图。②碳排放权交易不存在无风险套利机会。碳排放权是一种产权明晰的公共资源，政府会对碳交易中的套利行为进行限制。③碳排放权期权期限内不派发红利、股息等，是一种非金融产品。④碳期权期限内无风险利率稳定。我国利率市场化程度不高，基准利率调整周期较长，因而短期内利率不易变动。⑤碳排放权市场可视为无摩擦市场。由于我国在加快建设碳排放权交易平台，部分试点市场也推出了税收优惠，因而假设税收、交易成本为零或很小。⑥碳排放权期权可以假设为欧式期权。虽然碳期权允许持有者随时执行期权，但碳市场交易主体——履约企业买入期权后一般会持有到期（履约日）。

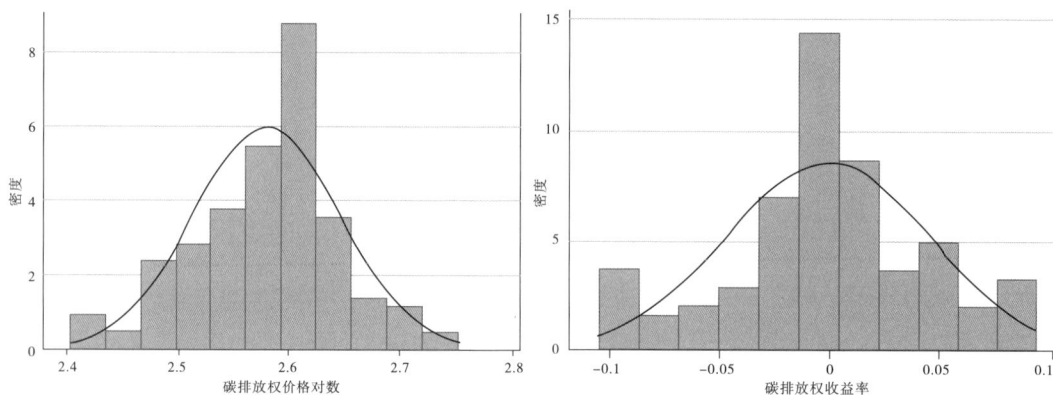

图 5－1　碳排放权价格对数（左）和收益率（右）的直方图

表 5－2 反映了 $S-K$ 正态性检验（P 值大于 0.05 说明服从正态性假设）：

表 5 - 2　碳排放权价格对数与收益率的 S - K 正态性检验

变量	obs	pr（$Skewness$）	pr（$Kurtosis$）	$adj\ chi\ 2$（2）	$prob > chi\ 2$
资产价格对数	132	0.1254	0.2699	3.64	0.1623
资产价格收益率	132	0.4430	0.6329	0.83	0.6608

综上所述，本实验将以 B – S – M 模型为基础，开展碳金融衍生品的定价。

（三）风险中性定价

风险中性定价原理是约翰·考克斯（John Carrington Cox）和斯蒂芬·罗斯（Stephen A. Ross）于 1976 年推导期权定价公式时建立的。由于这种定价原理与投资者的风险态度无关，从而推广到对任何衍生证券都适用，所以在以后的衍生证券的定价推导中，都接受了这样的前提条件，即所有投资者都是风险中性的。

假定世界是风险中性后，可以采用以下过程：

（1）假定所有交易证券的收益率期望均为无风险利率。

（2）计算衍生品收益的期望值，并以无风险利率对其贴现来对衍生品定价。

在计算期权价格时，蒙特卡洛模拟法利用了风险中性理论，即可以采用无风险利率作为收益率期望取值，规避了使用日收益率均值代理收益率期望的误差。

（四）蒙特卡洛模拟法

许多奇异期权没有类似于 B – S – M 的解析解，或者解析解的形式过于复杂、不便使用，此时采用期权定价的数值方法不失为一个好选择。主要方法有三种——蒙特卡洛模拟法、树形图法（二叉树、三叉树）、有限差分法。蒙特卡洛模拟法的定价流程包括（方媛等，2018）：

①在风险中性世界里对基础资产 S 的随机路径进行抽样。②根据一定规则计算衍生产品的收益率。③重复①和②，从而取得许多在风险中性世界里该衍生品收益的样本。④计算衍生品收益或价值的平均值，即为衍生产品在风险中性世界里收益期望值的估计值。⑤以无风险利率对收益率期望值进行贴现，所得结果即为现实世界中的衍生产品价格。

蒙特卡洛模拟法的主要优点在于这一方法既可用于当收益只依赖于基础资产 S 终端值的情形，也可用于当收益依赖于基础资产 S 路径的情形。亚式期权和回望式期权是典型的依赖路径衍生产品的例子——亚式期权的收益依赖标的资产价格的平均值，回望式期权依赖资产价格在期权期限内取得的最大值或最小值。这也正是本实验选用蒙特卡洛模拟法定价而不是树形图法、有限差分法的重要原因。

当然，蒙特卡洛模拟法也存在明显的缺陷——其计算结果的精度依赖于模拟的次数，可能需要很长的运算时间达到指定精度；再者，该方法不太适用于对美式期权（可以提前做出决定）定价。因此本实验应用了一些方差缩减程序以提高计算精度。

（五）路径依赖型衍生产品

一个路径依赖型衍生产品是指收益与标的资产的路径有关，而不仅仅与标的资产的最终价格有关的衍生产品。亚式期权和回望式期权是典型的路径依赖衍生产品，下面将对这两种产品进行相关介绍：

（1）回望式期权（lookback option）的收益与在期权有效期内标的资产价格所达到的最大值和最小值有关。主要分为浮动回望式期权（floating）与固定回望式期权（fixed）两种类型，两者区别在于执行价格是否固定。

①浮动回望式看涨期权收益等于最后的标的资产超过期权有效期内标的资产最低价格的差价，即 $\max(S_T - S_{\min}, 0)$；

②浮动回望式看跌期权收益等于期权有效期内标的资产最高价格超出最后标的资产价格的差价，即 $\max(S_{\max} - S_T, 0)$；

③固定回望式看涨期权的收益类似于普通欧式看涨期权，不同之处是最后的资产价格被期权期限内资产价格的最大值代替，即 $\max[\max(S_{\max}, K) - K, 0]$；

④固定回望式看跌期权的收益类似于普通欧式看跌期权，不同之处是最后的资产价格被期权期限内资产价格的最小值代替，即 $\max[K - \min(S_{\max}, K), 0]$。

（2）亚式期权（Asian option）的收益同标的资产在期权有效期内价格的平均值有关。根据平均价格的计算方式，可以分为算术亚式期权和几何亚式期权。还有一种类型的亚式期权，是平均执行价格期权（浮动）。

①算术平均：亚式看涨期权的收益为 $\max(S_{ave}, -K)$，亚式看跌期权的收益为 $\max(0, K - S_{ave})$。其中：

$$S_{ave} = \frac{1}{n}\sum_{i=1}^{n} S_i$$

②几何平均：亚式看涨期权的收益为 $\max(S_{geo}, -K)$，亚式看跌期权的收益为 $\max(0, K - S_{geo})$。其中：

$$S_{geo} = \sqrt[n]{\prod_{i=1}^{n} S_i}$$

③平均执行价格：平均执行价格看涨期权的收益为 $\max(0, S_T - S_{ave})$，平均执行价格看跌期权的收益为 $\max(0, S_{ave} - S_T)$。一般而言，当资产服从作几何布朗运动时，价格的几何平均服从正态分布，但是算术平均只是大约服从对数正态分布。

上述各种期权虽然可以通过 B－S－M 模型以及看涨—看跌期权平价公式推导出解析解，但是推导过程比较烦琐，解析解形式非常复杂，使用公式定价不太方便，故一般采用蒙特卡洛模拟法定价。

四、实证分析

（一）数据说明

本实验选择广州碳排放权交易所 2019 年 1 月 1 日至 12 月 31 日期间日度碳交易数据进行定价实践，样本观测值为 232 个。主要数据来源为国泰安碳金融数据库。本实验将先给出一个普通的欧式期权设计，然后在此框架下推出高级衍生品。

按照股票期权合约的期限设置规则——期月为当月、下月及随后的两个季月（3 月、6 月、9 月、12 月）。本实验设计了一个基于广东碳配额品种 GDEA 的期权，期权期限为 6 个月，设定执行价格等于初始价格。假设 $T = 0$ 为 2020 年 1 月，该期权将于 2020 年 6 月到期交割。

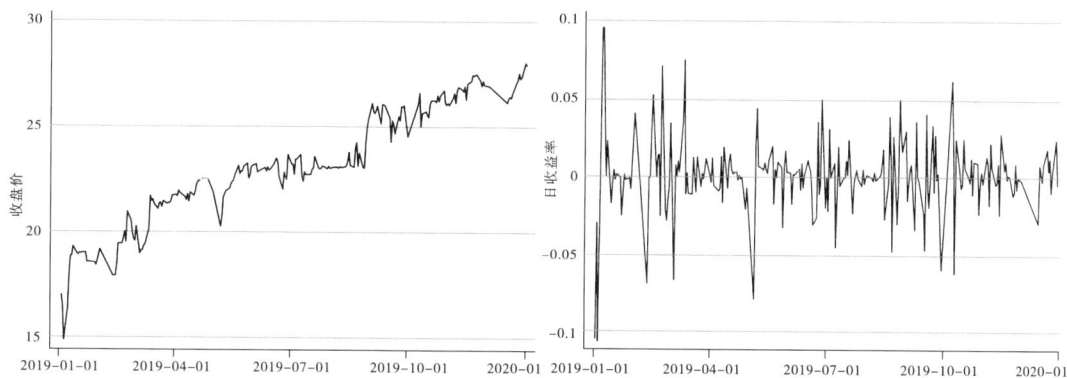

图 5 - 2　碳排放权收盘价走势（左）和日收益率变化趋势（右）

由左图可以看出，碳排放权在 2019 年 1 月 1 日至 12 月 31 日这段时间价格波动较为平稳，资产价格从 15 元/吨稳步上涨到 27 元/吨。由右图可知，除 1 月出现异常波动外，碳排放权日收益率几乎始终位于 −5% ~5% 之间，这说明收益率变化相对稳定（碳交易市场没有涨跌停板限制），且没有明显的异方差现象。

（二）B‑S‑M 定价模型的参数估计

B‑S‑M 定价模型的五个核心参数为初始资产价格 S_0、执行价格 K、无风险利率 r、资产价格波动率 σ、期权期限 T。统一转化为年度单位。下面将逐一介绍这些参数是如何确定的。

（1）无风险利率选取。

我国通常将一年期定期存款利率（整存整取）、一年期贷款利率以及短期国债票面利率视为"无风险利率"。本实验选用国泰安金融数据库一年期存款利率作为无风险利率。

数据显示，从 2015 年 10 月 24 日至 2019 年 12 月 31 日，我国一年期存款利率维持在 1.5% 的水平。因此，在本实验样本区间内，无风险利率可视为固定利率，$r = 1.5\%$。

（2）波动率估计。

统计上通常使用标准差来表示波动率。波动率衡量了基础资产价格变动的风险。本实验采用历史数据估计波动率，使用该方法的前提是：未来市场在期权存续期间的价格波动近似于当前一段历史时期中起主要作用的价格波动率。具体步骤如下：

设 n 为时间区间个数，S_i 为第 i 个时间区间结束时的股票价格，即收盘价，τ 为时间区间的长度（以年为单位）。

第一步：求出交易日内的日收益率（连续复利）——对数差分即可。

$$u_i = \ln\left(\frac{S_i}{S_{i-1}}\right), \ i = 1, \ \cdots, \ n$$

第二步：求日收益率的样本标准差——$s = \sigma\sqrt{\tau}$。

$$s = \sqrt{\frac{1}{n-1}\sum_{i=1}^{n}(u_i - \bar{u})^2}$$

其中 $\bar{u}$ 为 u_i 的均值。

第三步：先统计近三年平均每年的交易日天数（碳市场交易日天数为 223 天），然后令 $\tau = 1/223$。s 为 u_i 的标准差 $\sigma\sqrt{\tau}$ 的估计值，因此：

$$\hat{\sigma} = \frac{s}{\sqrt{\tau}}$$

波动率的估计值即为 $\hat{\sigma} = s/\sqrt{\tau} = s \times \sqrt{223}$。

第四步：关于 n 值的选择，一般来说 n 越大，精度越高，但是过旧的历史数据可能对于预测未来波动率没有意义。因此，本实验根据期权期限选择了 $n = 180$（日历天数），对应 6 个月期限（日历天数）的碳配额 GDEA 期权。

利用 Stata/Excel 容易计算得到 $\hat{\sigma} = 0.2912$。

（3）期权期限设定。

在设计期权时已经设定期限为 6 个月，也即 $T = 6/12 = 0.5$。以年为单位。

（4）资产初始价格设定。

本实验采用 2019 年 12 月 31 日碳排放权收盘价作为基础资产的初始价格，即 $S_0 = 27.88$。

（5）期权的执行价格设定。

为了规避执行价格设定对看涨、看跌期权的影响，本实验直接以资产初始价格作为执行价格，即 $K = 27.88$。对于浮动式期权，则忽略此项。

（三）高级衍生品的定价（蒙特卡洛模拟法）

得到 B – S – M 模型中的重要参数后，本实验将采用蒙特卡洛模拟法对亚式期权、回望式期权两种高级衍生品进行定价。主要注意以下问题：

（1）模拟路径的生成。

利用随机源生成模拟路径，是蒙特卡洛模拟法的核心内容。生成路径的方法有两种：

方法一：

根据 B – S – M 期权定价模型，资产价格的漂移为：

$$dS_t = \mu S_t dt + \sigma S_t dz$$

将有效区间 $[0, T]$ 离散化，可以得到一系列离散点，$0 = t_0 < t_1 < t_2 < \cdots < t_n = T$，且相邻离散点的时间间隔 Δt 相同。则可将上述几何布朗运动离散为：

$$\Delta S = \mu S \Delta t + \sigma S \varepsilon \sqrt{\Delta t}$$

其中，ΔS 为资产价格在一小段时间区间 Δt 内的变化，随机项 $\varepsilon \sim N(0, 1)$，参数 μ 为资产单位时间内的收益率期望值，参数 σ 为资产价格的波动率。

不妨设 $S_{t_0} = S_0$，将 ΔS_t 展开为 $(S_t - S_{t-1})$，则有以下迭代过程：

$$S_1 = \mu S_0 \Delta t + \sigma S_0 \varepsilon \sqrt{\Delta t} + S_0$$

$$S_2 = \mu S_1 \Delta t + \sigma S_1 \varepsilon \sqrt{\Delta t} + S_1$$

$$\vdots$$

$$S_T = \mu S_{T-1} \Delta t + \sigma S_{T-1} \varepsilon \sqrt{\Delta t} + S_{T-1}$$

每条路径的第一个节点 S_0 都是已知的，通过蒙特卡洛随机抽样生产 ε，根据上述迭代过程，即可求出每条路径(i)上所有时间节点（$t_1 \sim T$）的资产价格 $S_t^{(i)}$。

方法二：

针对 $\ln S$（而不是 S）进行模拟的结果会更加精确。根据几何布朗运动，即

$$d\ln S = \left(\hat{\mu} - \frac{\sigma^2}{2} \right) S dt + \sigma dz$$

更进一步，可以推导出：

$$S(T) = S(0) \exp \left[\left(\hat{\mu} - \frac{\sigma^2}{2} \right) T + \sigma \varepsilon \sqrt{T} \right]$$

以上方程可用于计算在 T 时刻提供非标准形式收益的衍生产品的定价，也即通过改变 T，以及提供随机项 ε，可以得到路径上每一个节点的资产价格，但更常见的做法是，将 T

换成 Δt（时间间隔），由 $S(0)$ 求出 $S(1)$，由 $S(1)$ 求出 $S(2)$，…，以此类推。最终得到完整路径上的价格。

随机抽样可以采用 Excel 的标准正态分布的逆分布函数 NORMSINV（）搭配 RAND（）生成，或者采用 MATLAB 的 randn（）函数直接生成。

（2）模拟路径的节点个数与抽样次数。

在使用蒙特卡洛定价时需要注意路径节点个数 Steps 的选择以及抽样路径 Paths 的次数选择。一般而言，时间间隔（dt = T/Steps）越小，抽样路径越多，使得模拟标的资产的价格行为尽可能拟合真实的概率分布，那么期权价值的计算精度就越高。但是与此同时，计算的工作量也会越大。徐成贤、薛宏刚（2007）根据实证经验提出，对于期限短（1 年及 1 年以内）的期权，可以选取一个交易日作为时间间隔，对于期限较长（1 年以上）的期权，则选择一周或者十个交易日作为时间间隔。因此，本实验设计的期权期限为 6 个月，选取时间价格为 dt = 1/223（年），路径节点个数为 Steps = 112（个），抽样路径视具体情况而定。理论上，为了探究期权价值是否收敛，应当尽可能多地抽取模拟路径。

（3）不同期权的到期支付价格。

由于上文已经分析过这几种期权的到期支付规则，下面将直接给出公式：

①回望式期权（两种）：

浮动回望式看涨期权：$\max(S_T - S_{\min},\, 0)$

浮动回望式看跌期权：$\max(S_{\max} - S_T,\, 0)$

固定回望式看涨期权：$\max\left[\max(S_{\max}, K) - K,\, 0\right]$

固定回望式看跌期权：$\max\left[K - \min(S_{\max}, K),\, 0\right]$

②亚式期权（三种）：

算术亚式看涨期权：$\max(S_{\text{ave}} - K,\, 0)$

算术亚式看跌期权：$\max(0,\, K - S_{\text{ave}})$

几何亚式看涨期权：$\max(S_{\text{geo}} - K,\, 0)$

几何亚式看跌期权：$\max(0,\, K - S_{\text{geo}})$

平均执行价格看涨期权：$\max(0,\, S_T - S_{\text{ave}})$

平均执行价格看跌期权：$\max(0,\, S_{\text{ave}} - S_T)$

（4）风险中性世界的定价。

对每条路径 i 都计算出一个第 T 时刻的期权价值 F_{Ti}，计算所有路径的 F_T 值的算术平均值 $\overline{F}_T$，然后按照无风险利率贴现到当期 $t = 0$，即可得到该期权的定价。用公式表示为：

$$F_0 = \exp(-rT) \times \left(\frac{1}{paths} \sum_{i=1}^{paths} F_{Ti} \right)$$

（四）期权定价的求解与结果分析

在 MATLAB 编程实现的过程中，为了不同期权之间的价格具有更强的可比性，本实验生成 Paths 条路径后，对每条路径都求出了多个期权的价格，最后取平均值得到运算结果。

输入"$S_0 = 27.88$，$K = 27.88$，$r = 0.015$，$sigma = 0.2912$，$T = 0.5$，$Steps = 112$"，还需要确定抽样路径个数 $Paths$。

（1）基本结果分析。

设定 $Paths = 1000$，得到基本的运算结果（期权估计值以及置信区间）以及模拟路径图。

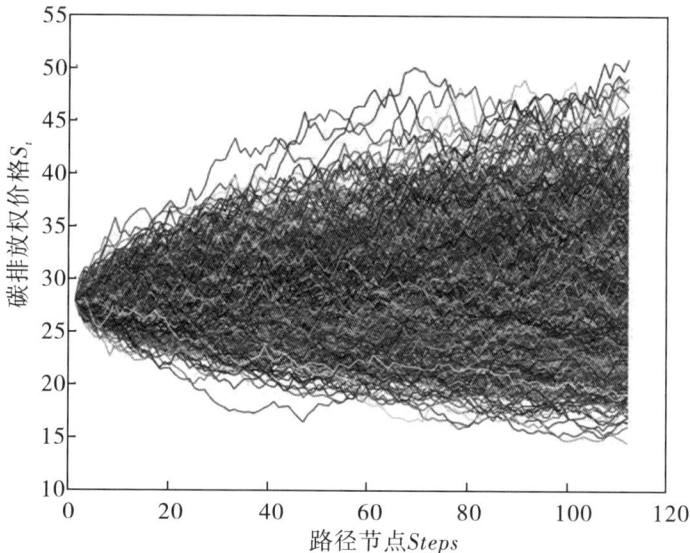

图 5-3　1000 次抽样路径模拟图

由图可知，路径分布呈发散型，符合正态分布的特征［随机源 $\varepsilon \sim N(0, 1)$］。碳排放权价格路径最低下探到 14.49 元/吨，最高可达 50.79 元/吨，但是绝大部分路径终端都集中在 25 元/吨到 35 元/吨之间。而由表 5-3 可知：①从精度上看，抽样 1000 次蒙特卡洛模拟法的计算精度较高，大部分期权定价的标准误差 $e < 0.1$，除了回望看涨期权的标准误差略大于 0.1；②从价格上看，看涨期权价格普遍大于看跌期权价格，可能是由于执行价格等于初始价格，而且碳排放权的价格有较强的增长趋势。另外，回望式期权价格普遍大于亚式期权，这一点很容易理解，因为前者考虑极端值，后者考虑平均值。

表 5-3　各类型期权看涨、看跌价值

期权形态/类型	浮动回望	固定回望	算术亚式	几何亚式	平均执行价格亚式
看涨价格	4.6226	5.0938	1.6517	1.5897	1.6159
标准误差	0.1314	0.1438	0.0756	0.0731	0.0768
95% 置信	(4.37, 4.88)	(4.81, 5.38)	(1.50, 1.80)	(1.45, 1.73)	(1.47, 1.77)
看跌价格	4.0831	3.6119	1.1582	1.1993	0.9956
标准误差	0.0920	0.0898	0.0533	0.0548	0.0473

（续上表）

期权 形态/类型	浮动回望	固定回望	算术亚式	几何亚式	平均执行 价格亚式
95%置信	(3.90, 4.26)	(3.44, 3.79)	(1.05, 1.26)	(1.09, 1.31)	(0.90, 1.09)

注：标准误差 $e = \hat{\sigma}/\sqrt{Paths}$，标准差 $\hat{\sigma}$ 为期权收益 f 贴现后计算。95%置信区间为 $[\mu - 1.96e, \mu + 1.96e]$。

（2）最优路径个数的确定。

由于蒙特卡洛模拟法抽样路径个数与期权价格计算精度呈正相关，而与计算效率呈负相关，那么势必存在一个最优路径个数能够平衡计算精度与计算效率的矛盾。本实验将通过循环程序得到 100～10000 次的模拟路径下的期权价格，观察价格序列在哪个节点趋近于平稳，进而确定最佳的路径个数。具体步骤如下：

第一步：在 MATLAB 里设定初始值 $Paths = 100$，利用 for 循环，每次增加 100，一共循环 100 次，得到 100 个期权价格。

第二步：通过 Excel 作出关于模拟路径个数与期权价格的折线图。

第三步：观察不同期权价格线趋近于平稳的转折点，取该点的横坐标为最优路径个数。

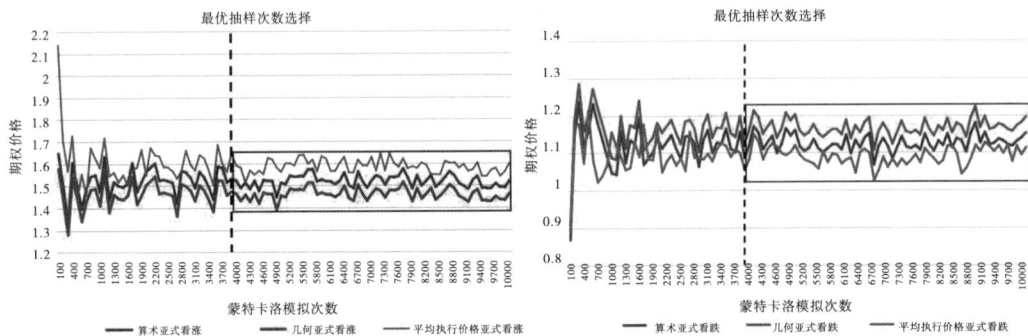

图 5 - 4　看涨期权价格线（左）和看跌期权价格线（右）

观察图 5 - 4 易知，无论是看涨期权还是看跌期权，当模拟次数/抽样路径个数达到 4000 次后，价格线都趋近于相对平稳。

综上所述，本实验采用 $Paths = 4000$，再次计算得到各期权看涨、看跌的价格，以此作为最终期权价格。如表 5 - 4 所示。

表 5 - 4　4000 次抽样计算的期权价格

期权 类型/形态	浮动回望	固定回望	算术亚式	几何亚式	平均执行 价格亚式
看涨	4.5008	4.9951	1.5671	1.5078	1.6144
看跌	4.1150	3.6206	1.1225	1.1628	1.0793

五、拓展性分析

碳排放权价格序列以及收益率序列有其独特的性质，如是否存在条件异方差呢？使用蒙特卡洛模拟法的话，如何处理计算缓慢、精度过低的问题？以及知道了定价方式该如何利用这些期权进行对冲以更好地规避碳价格风险呢？

为了更好地诠释高级衍生品定价的细节，本实验依然补充了这部分内容。本实验主要使用亚式算术看涨看跌期权进行研究（下面简称"亚式期权"）。

（一）修正波动率

1. 为什么要修正？

上文中采用历史数据估计了碳排放权的波动率，是基于波动率为常数的假设。但事实上，在某段时间内波动率可能相对较高，而在其他段时间内相对较低，也即经济序列可能存在条件异方差现象。

本实验的定价实践采用了 2019 年 1 月 1 日至 12 月 31 日样本区间的数据，发现收益率波动稳定在〔-5%，5%〕的范围内，但是当把时间线延长至 2018 年 1 月 1 日时，事情变得有点不一样了。由图 5-5 可以看出，碳配额收益率存在集聚现象，也即 2018 年至 2019 年上半年的收益率的波动率明显高于 2019 年下半年至 2020 年的波动率，不再满足波动率不随时间变化的原假设。

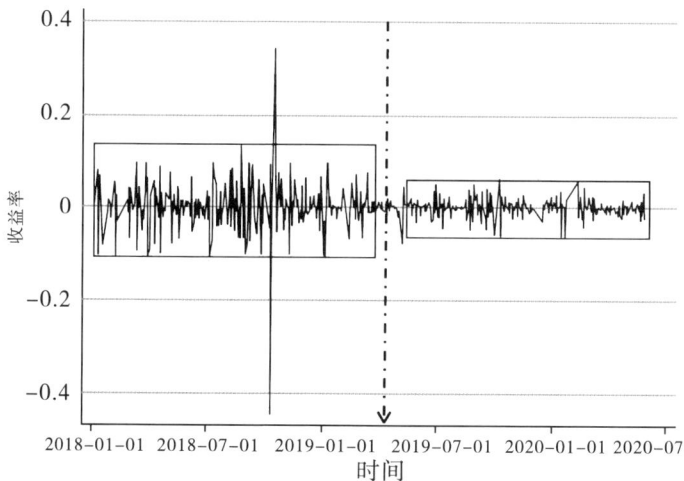

图 5-5 碳排放权收益率时间序列

考虑到我国是 2017 年底正式启动全国统一碳市场交易的，本实验选取 2018 年 1 月 1 日至 2019 年 12 月 31 日时间区间的碳交易数据（共 441 个交易日）再次进行实证分析。

2. 用什么修正？

ARCH、GARCH 等时间序列模型是估计波动率的另一类方法。自回归条件异方差模型（ARCH）最早由 Engle（1982）提出，并由 Bollerslev（1986）发展成广义自回归条件异方差模型（GARCH），具有较好的统计特性和对波动现象的准确描述，多用于经济变量时间序列的回归与预测。下面简单介绍其原理：

ARCH 模型的核心在于表述 t 时刻的 u_t 方差 σ_t 与以前时刻 $t-1$，$t-2$，…的残差平方的关系。具体而言，考虑一个随机时间序列 y_t，其变化规律可有 AR/MA/ARMA 模型描述，以 AR（1）为例：

$$y_t = \theta y_{t-1} + \varepsilon_t \tag{5.1}$$

与普通的 AR（1）过程不同，在信息集 ω_{t-1} 的情况下，这里的 ε_t 服从 0 期望值、以 σ_t^2 为条件方差的正态分布（而不是常数方差的正态分布）。

如果 ε_t 的方差 σ_t^2 可以由 ε_t 在以前各时刻（q）的方差描述：

$$\mathrm{Var}(\varepsilon_t) = \sigma_t^2 = \alpha_0 + \alpha_1 \varepsilon_{t-1}^2 + \alpha_1 \varepsilon_{t-2}^2 + \cdots + \alpha_1 \varepsilon_{t-q}^2 \tag{5.2}$$

则认为条件方差具有 q 阶自回归形式，称为误差项 ε_t ARCH（q）过程。其中（5.1）式称为均值方程，（5.2）式称为方差方程。该模型的含义在于前 q 期的误差项对于当前期的误差项有着正向且持续的影响。

GARCH 模型增加了滞后期波动率对当期的影响：

$$\sigma_t^2 = \alpha_0 + \alpha_1 \varepsilon_{t-1}^2 + \cdots + \alpha_1 \varepsilon_{t-q}^2 + \beta_1 \sigma_t^2 + \cdots + \beta_p \sigma_{t-p}^2 \tag{5.3}$$

为保证方差非负，（5.3）式所有系数要求非负，而且为保证 GARCH（q，p）过程宽平稳，还要求：

$$0 \leqslant \left(\sum_{i=1}^{q} \alpha_i + \sum_{i=1}^{p} \beta_i \right) \leqslant 1$$

系数和越接近于 1，整个序列的波动越大，受到一个条件方差冲击越持久。

3. 怎样修正？

注意到有极端值，可能会干扰最终结果因而剔除或均值替换。得到的修正后序列依然存在明显的异方差现象。下面将介绍 GARCH 模型的主要流程（通过 EViews 与 Excel 完成）：

①对碳排放权收益率序列进行 ADF 单位根检验，观察序列是否平稳。结果显示在 1% 显著性水平下通过了平稳性检验。

②对碳排放权收益率序列进行自相关性检验，观察 PACF 与 ACF 图确定使用 AR/MA/

ARMA 哪个模型作为均值方程（1）。结果显示 ARMA 模型更加适合。然后，根据信息准则，确定 ARMA(p，q）的阶数，最后选定 ARMA（1，1）模型来描述收益率时间序列。

③检验 ARMA（1，1）是否存在条件异方差效应（ARCH），根据返回的 F 检验与 LM 检验发现，模型在1%的显著性水平下拒绝"残差不存在 ARCH 效应"的原假设。因此，需要进行下一步 GARCH 模型的建立，第一部分为均值方程，AR（1）与 MA（1）估计量的 P 值 <0.01，说明回归系数显著。第二部分为方差方程，ARCH 项与 GARCH 项的估计量的 P 值 <0.01，说明回归系数显著。DW 统计量接近于2，说明不存在序列相关性，同时再次进行 ARCH $-$ LM 检验，发现不存在条件异方差效应。说明 GARCH（1，1）的统计特性良好。

④根据上一步的结果写出碳排放权收益率 R 序列的条件均值方程：

$$R_t = 0.453272\,R_{t-1} + \hat{u}_t - 0.733310\,\hat{u}_{t-1}$$

条件方差方程：

$$\hat{\sigma}_t^2 = 0.0000281 + 0.181500\,\hat{u}_{t-1}^2 + 0.806247\,\hat{\sigma}_{t-1}^2$$

方差方程的系数都大于0，而且系数之和 <1，满足了 GARCH 模型对参数的要求。

⑤利用原始的收益率序列通过迭代法可以得到每一个交易日的日波动率。假设 $u_0 = 0$，σ_0^2 为无条件方差 σ^2，则有以下关系：

$$\hat{\sigma}_0^2 = \frac{\alpha_0}{1 - \alpha_1 - \beta_1}$$

通过迭代法得到序列最后一个观测值 $\hat{\sigma}_{T_1}^2$ 后，可以通过 GARCH 模型获得样本外的方差预测 $\hat{\sigma}_{T_1+i}^2$，$i = 1$，2，3，$\cdots$，T_2。其中 $T_1 = 2$（年）表示观测区间，而 $T_2 = 0.5$（年）表示期权期限区间。

$$\hat{\sigma}_{T_1+i}^2 = \alpha_0 + (\alpha_1 + \beta_1)\,\hat{\sigma}_{T_1}^2$$

从2020年1月1日开始，每一个时间间隔 dt（一个交易日）都生成一个新的日波动率，通过乘上 $\sqrt{交易日天数}$，即可得到年波动率。通过 Excel 计算得到在2019年12月31日节点上的日波动率为0.000328，年波动率为0.2706。

重复上文的蒙特卡洛模拟法流程，即可得到最终结果。

结果展示：亚式看涨期权价值为1.0724，看跌期权为0.8297。前者的标准误差为0.0242，后者的标准误差为0.0194。图 5 $-$ 6 是模拟路径图：

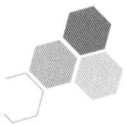

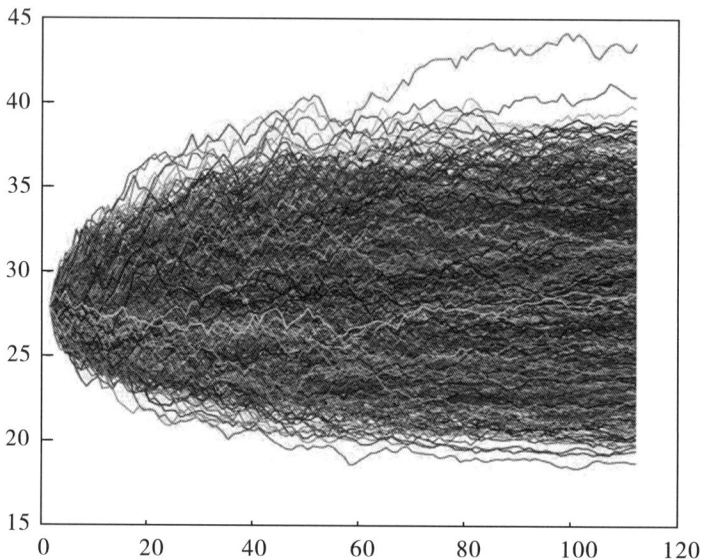

图 5-6 时变波动率的模拟路径图

与前文对比可知，看涨、看跌期权价值都下降了，而路径图也表现出两边向中间收敛的特征（不再发散）。由于波动率的调整，可能导致价格波动更加符合现实情况，那么蒙特卡洛模拟法计算出来的看涨、看跌期权应当更加合理。应当注意到，修正波动率前后的期权价格变化非常明显，说明假设波动率为常数的原假设不成立。

表 5-5 期权价值对比

波动率是否变化	是	否
看涨	1.0724	1.5671
看跌	0.8297	1.1225

（二）计算标准误差如何快速减小

如果使用蒙特卡洛模拟法定价，一般情况下，我们需要做很多次抽样才会使估计值达到合理的精确度。这在计算时间上来讲是非常昂贵的。本实验将会介绍几种方差缩减程序来减少计算时间。或者在相同计算时间或算力下，最大限度地降低计算偏差，提升精度。

1. 对偶变量技巧

此方法是指每一次模拟抽样时都要计算衍生品的两个值。第一个值 f_1 是按正常程序计算得到，第二个值 f_2 是通过改变所有标准状态分布样本的符号得出的。比如说如果 ε 是用来计算 f_1 的抽样，那么 $-\varepsilon$ 则是计算 f_2 时相应的抽样。由此计算出的衍生品的抽样值等于 f_1 和 f_2 的平均值。该方法是有效的，因为一般 f_1 与 f_2 之中有一个大于真实值、有一个小于真实值。本实验利用 MATLAB 实现这一过程。

表 5 - 6 使用对偶变量技巧定价的亚式期权价格对比

期权	看涨（常规）	看跌（常规）	看涨（对偶）	看跌（对偶）
价格	1.5220	1.1198	1.4941	1.1027
标准误差	0.0249	0.0182	0.0187	0.0135
路径个数	8000	8000	4000	4000

常规定价下的路径个数是对偶变量技巧定价下的 2 倍，是因为前者在每一条路径上都衍生了一条新的路径。即便如此，使用对偶变量技巧依然能够有效降低估计值的标准误差——看涨期权价格的标准误差比原来降低了 $|0.0187 - 0.0249|/0.0249 = 24.9\%$，看跌期权价格的标准误差比原来降低了 $|0.0135 - 0.0182|/0.0182 = 25.8\%$，有效提高了计算精度。

2. 矩匹配法

该方法是指对标准正态分布中抽取的样本进行调整，以便使样本与第一阶矩、第二阶矩甚至更高阶矩相匹配。假设为了计算一个变量在一段时间里的变化，需要从均值为 0、标准差为 1 的标准正态分布中进行抽样。假定所取的样本值为 ε_i（$1 \leq i \leq n$），为了使前二阶矩相匹配，首先计算样本值的均值 m 和标准差 s，然后定义调整后的样本 ε_i^* 如下：

$$\varepsilon_i^* = \frac{\varepsilon_i - m}{s}$$

经调整后的样本具有正确的均值 0 与正确的标准差 1。最后采用这些经调整后的样本来做所有的计算。本实验将使用 MATLAB 的 zscore( ) 函数完成这一个匹配过程，并得到以下结果：

表 5 - 7 使用矩匹配法定价的亚式期权价格对比

期权	看涨（常规）	看跌（常规）	看涨（矩匹配）	看跌（矩匹配）
价格	1.5139	1.1072	1.5399	1.1370
标准误差	0.0353	0.0257	0.0355	0.0264
路径个数	4000	4000	4000	4000

通过表 5 - 7 可以看出，使用矩匹配法前后没有显著差异，说明该方法似乎没有起到提高精度的作用，笔者认为 MATLAB 的正态分布抽样函数 randn( ) 可能内含检查抽取的样本是否符合"均值为 0，标准差为 1"假设的机制，使得矩匹配法没有表现出计算精度上的优越性。

3. 低差异序列

伪随机序列是由概率分布得出的具有代表性样本组成的序列。常见的伪随机序列有 halton 序列，其具有以下优点：由伪随机序列模拟所得结果的标准差与 $1/M$（而不是

$1/\sqrt{M}$）成正比，这里的 M 代表模拟次数或者抽样路径个数。从 halton 序列中抽样有样本高度拟合标准正态分布的特点，有助于提高模拟精度。由于篇幅原因，此处不再展示模拟结果，仅作为改进方向。

（三）希腊值与动态对冲策略

1. 希腊值求解

利用蒙特卡洛模拟法不仅可以对期权定价，还能够对期权的希腊值进行估计。假定要计算 f 对于 x 的偏导数，其中 f 为衍生产品的价格，x 为基础资产的价格或其他参数。首先，可以采取一般的蒙特卡洛模拟法来计算衍生产品的价格 $\hat{f}$，然后将 x 值增加 Δx，并采用与计算 $\hat{f}$ 类似的方式来得出新价格 $\hat{f}^*$，对冲参数可以由以下方程来计算：

$$\frac{\hat{f}^* - \hat{f}}{\Delta x}$$

为了减小标准误差，在计算 $\hat{f}$ 和 $\hat{f}^*$ 时，选用的路径节点个数 $steps$、所用的随机样本、抽样路径次数 $paths$ 都应当相同。

（1）期权的 $Delta$ 为期权价格变化与基础资产变化的比率，可以用以下过程近似：

$$Delta = \frac{f(S_0 + \Delta S) - f(S_0 - \Delta S)}{2\Delta S}$$

（2）期权的 $Gamma$ 是指期权 $Delta$ 的变化与基础资产价格变化的比率，可以用以下过程近似：

$$Gamma = \frac{f(S_0 + \Delta S) - 2f(S_0) + f(S_0 - \Delta S)}{\Delta S^2}$$

（3）期权的 $Theta$ 是指期权价格变化与时间变化的比率，可以用以下过程近似：

$$Theta = \frac{f(T - 2\Delta T) - f(T - \Delta T)}{\Delta T}$$

（4）期权的 $Vega$ 是指期权价格变化与基础资产波动率变化的比率，可以用以下过程近似：

$$Vega = \frac{f(\sigma + \Delta\sigma) - f(\sigma - \Delta\sigma)}{2\Delta\sigma}$$

（5）期权的 *Rho* 是期权价格变化与利率变化的比率，可以用以下过程近似：

$$Rho = \frac{f(r + \Delta r) - f(r - \Delta r)}{2\Delta r}$$

关于 x 与 Δx 的关系，我国学者方媛等（2018）指出由于蒙特卡洛模拟法计算出来的期权价格本身存在一定的误差，因此 Δx 的值不宜取得过小，否则计算出来的希腊值易出现异常值。一般而言，$\Delta x = 0.5\% x$。

利用 MATLAB 容易求解得到亚式看涨、看跌期权的各项希腊值，如表 5-8 所示。

表 5-8 期权的风险希腊值计算

期权	希腊值				
	Delta	*Gamma*	*Theta*	*Vega*	*Rho*
看涨	0.5611	0.1372	-1.7320	5.5994	3.2264
看跌	-0.4451	0.1372	-0.9535	3.6255	-3.5658

亚式期权的希腊值的正负号类似于普通欧式期权——看涨期权 *Delta* >0，看跌期权 *Delta* <0；看涨、看跌期权的 *Gamma* 相等，且多头总是为正；看涨、看跌期权的 *Theta* 一般为负；看涨、看跌期权多头的 *Vega* 总为正；看涨期权 *Rho* >0，看跌期权 *Rho* <0。

2. 动态对冲策略

根据亚式期权的定价与 *Delta* 的对冲方法（方媛、耿国靖，2018），笔者尝试利用 6 个月期的广东 GDEA 碳配额品种期权对碳排放权交易组合（现货＋期权）进行对冲。目前我国尚未大规模推出碳排放权期货，碳交易以现货交易为主。主要的对冲目标是使交易组合为 *Gamma* 中性以及 *Delta* 中性。

改变交易组合的 *Gamma* 必须采用价格与标的资产价格呈非线性关系的产品——期权。一般而言，先引入亚式期权（做多或做空）对冲交易组合的 *Gamma* 至中性，然后根据引入期权后交易组合 *Delta* 的变化，做多或做空一定单位的碳现货，调整组合的 *Delta* 至中性。

由图 5-2 中的数据可知，在无风险利率为 1.5%，波动率为 0.2912 的条件下，以 2019 年 12 月 31 日 GDEA 碳配额的收盘价 27.88 作为初始价格 S_0，执行价格 K 的亚式看涨、看跌期权的 *Delta* 分别为 0.5611 和 -0.4451。因此需要的对冲比率为（*Delta* 中性）：

①亚式看涨期权（空）：碳排放权 GDEA 现货（多）=1：0.5611。
②亚式看跌期权（空）：碳排放权 GDEA 现货（空）=1：0.4687。

而引入多少亚式期权才能使交易组合 *Gamma* 中性，不仅取决于新引入的期权的 *Gamma*，还要考虑交易组合原有期权的 *Gamma*。

综上所述，具体流程为：

第一步：每日/周收盘后计算过去 6 个月内的广东 GDEA 价格均值 S_{ave}，根据 $\max(S_{ave} - K, 0)$ 计算当前的亚式期权价值；

第二步：根据当日/周广东 GDEA 价格变化 ΔS，计算当前交易组合的 *Gamma* 与 *Delta*。设立调整阈值，一旦 *Gamma* 超过阈值，采用碳期权调整；一旦 *Delta* 超过阈值，采用碳现货调整；

第三步：交易组合到期，将所有对冲头寸进行平仓。

六、结语

（一）结论与贡献

本实验以广东碳配额 GDEA 为标的资产，采用了两种国际上流行的高级金融衍生品形式——亚式期权和回望期权，通过蒙特卡洛模拟法对其进行了定价分析，同时推出了动态对冲策略，旨在更好地指导履约企业利用碳金融工具对冲碳配额价格波动的风险。定价实践过程灵活运用了 MATLAB、Excel、Stata、EViews 等多款软件。

具体而言，本实验以广州碳排放权交易所的 2019 年 1 月 1 日至 12 月 31 日期间日度碳交易数据为样本，设计了一个基于广东碳配额品种 GDEA 的路径依赖型期权，期权期限为 6 个月，设定执行价格等于初始价格。期权到期支付规则采用了 3 种亚式期权（算术平均、几何平均以及平均执行价格）和 2 种回望式期权（固定、浮动）的形式。通过蒙特卡洛模拟法得到各类期权看涨、看跌的定价以及相应的标准误差。以亚式期权为例，1000 次模拟路径得到的结果：看涨期权 1.6517 元/吨，标准误差为 0.0756；看跌期权 1.1582 元/吨，标准误差为 0.0533。

同时，本实验还开展了如下工作：

（1）修正波动率。经过分析发现当样本区间向后延长到 2018 年 1 月 1 日时，碳排放权收益率序列表现出明显的条件异方差现象。本实验采用了时间序列分析中常用的 GARCH 模型对其进行修正，得到了时变的波动率模型。并以此加入蒙特卡洛模拟法中对亚式期权进行定价，发现了与常数波动率定价相比，看涨、看跌期权的价格都降低了。

（2）方差缩减程序。蒙特卡洛模拟法的缺点在于要想提高精度，必须进行大量的抽样模拟，这样不仅付出了宝贵的时间成本，也耗费了大量计算机算力。因此，笔者采用对偶变量技巧法、矩匹配法等对蒙特卡洛模拟法进行改造，发现在相同的模拟路径下"对偶变量技巧法"的确降低了期权价格估计的标准误差。

（3）希腊值与对冲策略。为了更好地将期权应用到规避价格风险，本实验通过蒙特卡洛模拟法计算出了期权的五个希腊值。并就 *Delta* 中性与 *Gamma* 中性的持仓目标设计了一个简易的动态对冲策略，更好地补充了特种期权的使用方法。

（二）不足与改进方向

（1）本实验采用蒙特卡洛模拟法进行期权定价。鉴于该方法的特性，美式期权的定价实践比较难开展，因而本实验所有期权都属于欧式期权。进一步改进方向是，采用最小二乘蒙特卡洛模拟法（LSM）对美式期权定价，或者采用树形图法（二叉树、三叉树）和有限差分法进行定价。

（2）在导出碳排放权价格序列时，笔者发现价格序列在部分年份出现跳跃现象，我国学者冯建芬等（2018）通过实证分析也发现，碳交易市场（CER）现货和期货价格均存在明显的跳跃特征。因此 B－S－M 模型可能不是最适合碳期权定价的基础模型，进一步的改进方向是使用一些跳跃模型，如默顿跳跃—扩散混合模型、方差—*Gamma* 模型等。

（3）本实验仅仅考虑了以广东碳配额品种 GDEA 为标的资产的期权定价问题，未考虑到不同试点市场碳配额品种的价格之间存在联动性，因此可以设计一种篮筐式期权（彩虹期权），从而更好地对冲所选标的资产的价格风险。而在多标的变量期权定价方面，蒙特卡洛模拟法也更有优势。

参考文献

［1］方媛，耿国靖．亚式期权的定价与 *delta* 对冲［J］．经济师，2018（6）：76－78．

［2］赫尔．期权、期货及其他衍生产品［M］．王勇，索吾林，译．北京：机械工业出版社，2018．

［3］徐成贤，薛宏刚．金融工程：计算技术与方法［M］．北京：科学出版社，2007：146－148．

［4］张丹．基于 B－S 模型对碳排放权价值评估研究［D］．昆明：云南大学，2018．

［5］赵小攀，李朝红，任晓鸽．基于 Black－Scholes 期权定价模型的碳排放权定价［J］．商业会计，2016（7）：28－31．

［6］徐静，储盼，任庆忠．碳排放权期权定价及实证研究［J］．统计与决策，2015（6）：162－165．

［7］冯路，王天庆．中国碳排放权初始分配定价研究［J］．学习与实践，2014（4）：45－51．

［8］汪晓芬．碳排放权定价研究［D］．南昌：华东交通大学，2013．

［9］何楠．碳排放交易机制对我国发电权置换影响分析模型研究［D］．保定：华北电力大学，2013．

［10］朱跃钊，陈红喜，赵智敏．基于 B－S 定价模型的碳排放权交易定价研究［J］．科技进步与对策，2013，30（5）：27－30．

［11］曾永明．基于时变波动率的碳排放权期权价格的差异性研究［D］．长沙：湖南大学，2012．

［12］张玥．我国碳金融定价机制研究［D］．天津：天津财经大学，2011．

［13］王璟珉，岳杰，魏东．期权理论视角下的企业内部碳交易机制定价策略研究［J］．山东大学学报（哲学社会科学版），2010（2）：86－94．

［14］冯建芬，夏传信，王春霞．碳排放权价格建模与碳债券估值［J］．河北经贸大学学报，2018，39（1）：66－72．

附　录

由于 Stata、EViews、Excel 代码较少，本实验主要使用 MATLAB 完成定价实践，故只展示 MATLAB 代码。

```
MATLAB【注】想运行某一段代码则取消该段代码前的"%"
脚本章件
clear;
sigma=0.2706;
T=0.5;
rf=0.015;
S0=27.88;
K=27.88;
step=112;
N_path=4000;
%期权定价
Option_price=Monte_carlo(S0,K,rf,sigma,T,step,N_path)

%循环求多次期权价值
% for i=1:100
%       Option_price(i,1)=Monte_carlo(S0,K,rf,sigma,T,step,N_path);
% N_path=N_path+100;
% end
% greek_option=greek(S0,K,rf,sigma,T,step,N_path)

% lookback_put_cev_mtcl(100,0.2,0.1,0.9,1,1000,10000);

1. 计算希腊值
function [ greek_option ] = greek( S0,K,rf_year,sigma_year,T,step,N_path )
RN=randn([N_path step]);
dt=T/step;
S_pre(:,1)=1.005*S0*ones(N_path,1);
for i=2:step
    S_pre(:,i)=S_pre(:,i-1).*exp(rf_year*dt+sigma_year*RN(:,i)*sqrt(dt));
end
S_mean=mean(S_pre,2);
Option_price.call=mean(max(S_mean-K,0)*exp(-rf_year*T));
Option_price.put=mean(max(K-S_mean,0)*exp(-rf_year*T));
```

```matlab
S_pre(:,1)=0.995*S0*ones(N_path,1);
for i=2:step
    S_pre(:,i)=S_pre(:,i-1).*exp(rf_year*dt+sigma_year*RN(:,i)*sqrt(dt));
end
S_mean=mean(S_pre,2);
Option_price2.call=mean(max(S_mean-K,0)*exp(-rf_year*T));
Option_price2.put=mean(max(K-S_mean,0)*exp(-rf_year*T));

S_pre(:,1)=S0*ones(N_path,1);
for i=2:step
    S_pre(:,i)=S_pre(:,i-1).*exp(rf_year*dt+sigma_year*RN(:,i)*sqrt(dt));
end
S_mean=mean(S_pre,2);
Option_price3.call=mean(max(S_mean-K,0)*exp(-rf_year*T));
Option_price3.put=mean(max(K-S_mean,0)*exp(-rf_year*T));

%delta
greek_option.deltac=(Option_price.call- Option_price2.call)/(S0*0.01);
greek_option.deltap–(Option_price.put- Option_price2.put)/(S0*0.01);
%gamma
greek_option.gammac=(Option_price.call-2*Option_price3.call+
Option_price2.call)/((S0*0.005)^2);
greek_option.gammap=(Option_price.put-2*Option_price3.put+
Option_price2.put)/((S0*0.005)^2);

%Theta
d_T=0.005*T;
dt=0.995*T/step;
S_pre(:,1)=S0*ones(N_path,1);
for i=2:step
    S_pre(:,i)=S_pre(:,i-1).*exp(rf_year*dt+sigma_year*RN(:,i)*sqrt(dt));
end
S_mean=mean(S_pre,2);
Option_price4.call=mean(max(S_mean-K,0)*exp(-rf_year*0.995*T));
Option_price4.put=mean(max(K-S_mean,0)*exp(-rf_year*0.995*T));

dt=0.99*T/step;
```

```
S_pre(:,1)=S0*ones(N_path,1);
for i=2:step
    S_pre(:,i)=S_pre(:,i-1).*exp(rf_year*dt+sigma_year*RN(:,i)*sqrt(dt));
end
S_mean=mean(S_pre,2);
Option_price5.call=mean(max(S_mean-K,0)*exp(-rf_year*0.99*T));
Option_price5.put=mean(max(K-S_mean,0)*exp(-rf_year*0.99*T));
greek_option.thetac=(Option_price5.call-Option_price4.call)/d_T;
greek_option.thetap=(Option_price5.put-Option_price4.put)/d_T;

%Rho
dt=T/step;
d_r=0.01*rf_year;
S_pre(:,1)=S0*ones(N_path,1);
for i=2:step
    S_pre(:,i)=S_pre(:,i-1).*exp(1.005*rf_year*dt+sigma_year*RN(:,i)*sqrt(dt));
end
S_mean=mean(S_pre,2);
Option_price6.call=mean(max(S_mean-K,0)*exp(-1.005*rf_year*T));
Option_price6.put=mean(max(K-S_mean,0)*exp(-1.005*rf_year*T));

S_pre(:,1)=S0*ones(N_path,1);
for i=2:step
    S_pre(:,i)=S_pre(:,i-1).*exp(0.995*rf_year*dt+sigma_year*RN(:,i)*sqrt(dt));
end
S_mean=mean(S_pre,2);
Option_price7.call=mean(max(S_mean-K,0)*exp(-0.995*rf_year*T));
Option_price7.put=mean(max(K-S_mean,0)*exp(-0.995*rf_year*T));
greek_option.rhoc=(Option_price6.call-Option_price7.call)/d_r;
greek_option.rhop=(Option_price6.put-Option_price7.put)/d_r;

%vega
dt=T/step;
d_sigma=0.01*sigma_year;
S_pre(:,1)=S0*ones(N_path,1);
for i=2:step
    S_pre(:,i)=S_pre(:,i-1).*exp(rf_year*dt+1.005*sigma_year*RN(:,i)*sqrt(dt));
```

```
end
S_mean=mean(S_pre,2);
Option_price8.call=mean(max(S_mean-K,0)*exp(-rf_year*T));
Option_price8.put=mean(max(K-S_mean,0)*exp(-rf_year*T));

S_pre(:,1)=S0*ones(N_path,1);
for i=2:step
    S_pre(:,i)=S_pre(:,i-1).*exp(rf_year*dt+0.995*sigma_year*RN(:,i)*sqrt(dt));
end
S_mean=mean(S_pre,2);
Option_price9.call=mean(max(S_mean-K,0)*exp(-rf_year*T));
Option_price9.put=mean(max(K-S_mean,0)*exp(-rf_year*T));
greek_option.vegac=(Option_price8.call-Option_price9.call)/d_sigma;
greek_option.vegap=(Option_price8.put-Option_price9.put)/d_sigma;

end
```

2. 计算期权价值

```
function [ Option_price ] = Monte_carlo( S0,K,rf_year,sigma_year,T,step,N_path )

dt=T/step;
S_pre(:,1)=S0*ones(N_path,1);
RN=randn([N_path step]);
%RN=zscore(RN);
for i=2:step
    S_pre(:,i)=S_pre(:,i-1).*exp(rf_year*dt+sigma_year*RN(:,i)*sqrt(dt));
end
for i =1:N_path
    plot(1:step,S_pre(i,:),'color',[rand(),rand(),rand()]);
    hold on;
end

%Option_price.time=N_path;
 %亚式期权算术平均看涨看跌;
S_mean=mean(S_pre,2);
Option_price.call=mean(max(S_mean-K,0)*exp(-rf_year*T));
Option_price.stdc=std(max(S_mean-K,0)*exp(-rf_year*T))/sqrt(N_path);
Option_price.put=mean(max(K-S_mean,0)*exp(-rf_year*T));
```

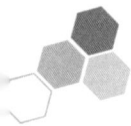

```
Option_price.stdp=std(max(K-S_mean,0)*exp(-rf_year*T))/sqrt(N_path);
%
% % 亚式期权几何平均看涨看跌;
% S_mean=geomean(S_pre,2);
% Option_price.call2=mean(max(S_mean-K,0)*exp(-rf_year*T));
% % Option_price.stdc2=std(max(S_mean-K,0)*exp(-rf_year*T))/sqrt(N_path);
% Option_price.put2=mean(max(K-S_mean,0)*exp(-rf_year*T));
% % Option_price.stdp2=std(max(K-S_mean,0)*exp(-rf_year*T))/sqrt(N_path);
%
% % 亚式期权平均执行价格看涨看跌;
% S_mean=geomean(S_pre,2);
% Option_price.call3=mean(max(S_pre(:,end)-S_mean,0)*exp(-rf_year*T));
% % Option_price.stdc3=std(max(S_pre(:,end)-S_mean,0)*exp(-rf_year*T))/sqrt
(N_pat h);
% Option_price.put3=mean(max(S_mean-S_pre(:,end),0)*exp(-rf_year*T));
% % Option_price.stdp3=std(max(S_mean-S_pre(:,end),0)*exp(-rf_year*T))/sqrt
(N_pat h);
%
% %回望式期权浮动看涨看跌;
% S_max=max(S_pre,[],2)-S_pre(:,end);
% S_min=S_pre(:,end)-min(S_pre,[],2);
% Option_price.call4=mean(S_min*exp(-rf_year*T));
% % Option_price.stdc4=std(S_min*exp(-rf_year*T))/sqrt(N_path);
% Option_price.put4=mean(S_max*exp(-rf_year*T));
% % Option_price.stdp4=std(S_max*exp(-rf_year*T))/sqrt(N_path);
%
% %回望式期权固定看涨看跌;
% S_max=max(max(S_pre,[],2),K);
% S_max2=max(S_max-K,0);
% S_min=min(min(S_pre,[],2),K);
% S_min2=max(K-S_min,0);
% Option_price.call5=mean(S_max2*exp(-rf_year*T));
% % Option_price.stdc5=std(S_max2*exp(-rf_year*T))/sqrt(N_path);
% Option_price.put5=mean(S_min2*exp(-rf_year*T));
% % Option_price.stdp5=std(S_min2*exp(-rf_year*T))/sqrt(N_path);
```

```
% %对偶变量技巧%%%%%%%%%%%%%%%%%%%%%%%%%%%%%%%%%%%%%%%/
%%%%%%%%%%%
% dt=T/step;
% S_pre(:,1)=S0*ones(N_path,1);
% S_pre2(:,1)=S0*ones(N_path,1);
% RN=randn([N_path step]);
% RN2=-RN;
% for i=2:step
%       S_pre(:,i)=S_pre(:,i-1).*exp(rf_year*dt+sigma_year*RN(:,i)*sqrt(dt));
%       S_pre2(:,i)=S_pre2(:,i-1).*exp(rf_year*dt+sigma_year*RN2(:,i)*sqrt(dt));
% end
% % for i =1:N_path
% %       plot(1:step,S_pre(i,:),'color',[rand(),rand(),rand()]);
% %       hold on;
% % end
% % Option_price.time=N_path;
% %   亚式期权算术平均看涨看跌;
% S_mean=mean(S_pre,2);
% S_mean2=mean(S_pre2,2);
%
Option_price.call=mean((max(S_mean-K,0)*exp(-rf_year*T)+max(S_mean2-K,0)
*exp(-rf_year*T))/2);
%
Option_price.stdc=std((max(S_mean-K,0)*exp(-rf_year*T)+max(S_mean2-K,0)*e
xp(-rf_year*T))/2)/sqrt(N_path);
%
Option_price.put=mean((max(K-S_mean,0)*exp(-rf_year*T)+max(K-S_mean2,0)
*exp(-rf_year*T))/2);
%
Option_price.stdp=std((max(K-S_mean,0)*exp(-rf_year*T)+max(K-S_mean2,0)*e
xp(-rf_year*T))/2)/sqrt(N_path);

%矩匹配
法%%%%%%%%%%%%%%%%%%%%%%%%%%%%%%%%%%%%%%%%%%%%%%%%%%%

% %GARCH 模型
```

```
% dt=T/step;
% S_pre(:,1)=S0*ones(N_path,1);
% sigma_year2(1,1)=sigma_year;
% RN=randn([N_path step]);
% %RN=zscore(RN);
% for i=2:step
%
S_pre(:,i)=S_pre(:,i-1).*exp(rf_year*dt+sigma_year2(1,i-1)*RN(:,i)*sqrt(dt));
%      sigma_year2(1,i)=0.0000281+(0.1815+0.806247)*sigma_year2(1,i-1);
% end
% for i =1:N_path
%      plot(1:step,S_pre(i,:),'color',[rand(),rand(),rand()]);
%      hold on;
% end
%
% %Option_price.time=N_path;
%    %亚式期权算术平均看涨看跌;
% S_mean=mean(S_pre,2);
% Option_price.call=mean(max(S_mean-K,0)*exp(-rf_year*T));
% Option_price.stdc=std(max(S_mean-K,0)*exp(-rf_year*T))/sqrt(N_path);
% Option_price.put=mean(max(K-S_mean,0)*exp(-rf_year*T));
% Option_price.stdp=std(max(K-S_mean,0)*exp(-rf_year*T))/sqrt(N_path);
% end
```

奇异期权能够满足金融市场和投资者的多样化需求。其中，缺口期权是使用较为广泛的奇异期权之一。缺口期权与标准期权的区别在于：在计算收益与定价时，标的资产的期末价格并不是与执行价格进行比较，而是与缺口价格进行比较。缺口期权充分考虑到了转移资产的昂贵费用，让投资者能够准确判断此时行权是否有包含转移资产费用的净收益。本实验以大宗商品代表 PTA（精对苯二甲酸）作为标的资产，分别应用 BS 期权定价模型、二叉树期权定价模型和蒙特卡洛期权定价模型进行定价研究，比较这三种期权定价模型对于缺口期权的计算结果，最后对缺口期权进行 *Delta* 静态和动态对冲。结果表明，BS 模型和二叉树模型的定价结果较为相似，蒙特卡洛模型定价结果随着每次模拟的产生在一定范围内变动。在特定条件下，缺口看涨期权和看跌期权的静态 *Delta* 值分别为 0.7331 和 −0.6054，动态 *Delta* 值则随着资产价格的变动而变动。

一、引言

（一）研究背景

作为全球重要的风险管理工具之一，期权已经成为金融市场不可分割的一部分。期权的主要功能分别有风险管理、资产配置和价格发现等。在一般的情况下，期权可以担任"保险"的职能，为投资者提供套期保值、对冲等服务。期权有多种分类，按行权规则分，可分为欧式期权和美式期权；按标的资产分，可分为股票期权、商品期权、股指期权等；按期权复杂程度分，可分为标准期权和奇异期权。

目前，缺口期权是金融衍生品市场上交易较为活跃的奇异期权之一。缺口期权的设计是考虑到以商品作为标的资产的期权行权时需要支付大额转移费用。在此基础上，缺口期权不再仅以执行价格与标的价格进行比较，而是提出包含转移资产费用的"缺口价格"，这样能够更加准确地衡量此类期权的价值和收益情况。虽然如缺口期权类的奇异期权占整体期权交易组合的比重很小，但对于特定投资者群体来说仍然有着重要的意义。

因此，本实验对缺口期权的定价展开应用实践，采用常见的 BS 期权定价模型、二叉树期权定价模型和蒙特卡洛期权定价模型对缺口期权进行定价，并比较三种期权定价模型的应用结果，最后对缺口期权进行 *Delta* 值的静态和动态对冲，保持投资者头寸不变。由于缺口期权的关键是缺口价格的设定，考虑到不可忽视的资产转移费用，因此本实验特别选取大宗商品代表 PTA 商品作为标的资产进行定价，至于其他标的资产如股指、证券等，均可推广使用。

（二）选题意义

本实验论述了缺口期权的定义和收益、BS 期权定价模型、二叉树期权定价模型和蒙特卡洛期权定价模型的理论内容，分别将其应用到 PTA 缺口期权的定价实践中，以一个全面的视角来分析验证三种期权定价模型的应用效果，并对其进行 *Delta* 对冲，此研究能够有效补充中国金融市场上对缺口期权进行定价研究的薄弱之处，有助于中国金融市场内奇异期权的发展和使用，扩大金融市场的业务范围，满足投资者多样化的投资需求。

目前，国内外学者对缺口期权的定价研究大多停留在理论推导和公式证明，较少学者侧重于理论的应用与实践。本实验的目标在于在理论研究的基础上进行定价应用，运用多种理论期权定价模型进行比较研究，并对其进行 *Delta* 值的动静态对冲，为其他学者研究奇异期权的应用提供更多的参考和思路，进一步完善学术界对奇异期权的实证研究。

二、文献综述

（一）关于缺口期权的文献综述

关于缺口期权的文献较少，一般是国内学者结合不同的方法和在不同环境下对欧式缺口期权的定价公式进行理论推导。张艳和孙彤（2006）率先对缺口期权的定价公式进行理论研究，他们认为股价是服从随机微分方程的，并利用风险中性估值原理推导出欧式缺口期权的定价公式，提出欧式缺口看涨和看跌期权之间不存在平价关系。何成洁和沈明轩（2008）假设标的股价服从几何分数布朗运动，并在风险中性概率测度下得到欧式缺口期权的定价公式。张艳等（2012）假定借贷利率满足随机利率 Vasicek 模型，通过偏微分方程的计算方法研究出欧式缺口期权定价公式，并认为该定价模型是标准欧式期权定价的推广。蔺捷等（2012）在几何分数布朗运动环境下建立了金融市场数学模型，基于分数布朗随机分析理论和保险精算方法推导出缺口期权的定价公式。白婷、李翠香（2015）在资产价格服从几何分数布朗运动的背景下通过拟鞅的方法计算出欧式缺口期权的定价公式。金宇寰等（2016）采用双分数布朗运动描述资产价格的变化，利用保险精算方法推导出双分数随机利率下的缺口期权定价公式，并对其进行推广。

（二）关于 BS 期权定价模型的文献综述

期权定价理论起源于法国，随着几何分布学说、看涨看跌期权的形成，期权定价理论的发展逐渐成形。直至 1973 年，Merton 和 Scholes 在伊藤引理的基础上提出了 Black-

Scholes 期权定价模型（BS 期权定价模型），期权定价才得以广泛使用。紧随其后，1976 年 Marton 也发现了同样的期权定价公式及其理论，并拓展了 BS 期权定价模型的内涵，通过引入风险中性和鞅测度，使其能够广泛运用到其他形式的金融交易当中。自此，期权定价以 BS 模型为基础，不断加强和推广起来，BS 期权定价模型成了金融业广泛使用的模型。

BS 期权定价模型的原理是利用标的资产和无风险资产构造出一个组合，随着标的资产价格的变动，不断调整标的资产的头寸，使得整个组合能够连续跟踪某个期权的价值。在无套利的情况下，该组合成功复制了期权的价值，其贴现值便是期权的价值。然而，BS 期权定价模型无法解释的是股票收益率序列"尖峰厚尾"的分布现象以及"波动率微笑"现象。随着现代期权理论的不断发展，国内外学者对 BS 期权定价模型进行了深入研究和改进推广。其中一个重要方面是对波动率的测算。Engle（1982）首次利用 ARCH 模型来计算标的资产的波动率，但大量参数待估计的缺点却十分明显。随后，Bollerslev（1986）充分考虑到波动率的分布特点，提出了 GARCH 模型来描述标的资产的波动率。接着，Dumas（1998）又发明了以波动率函数为中心的 AHBS 模型，直面冲击 GARCH 模型的定价劣势。之后，学术界引入了机制转换的模型，将研究方向转移到等价鞅测度上。Buffington（2002）、Elliott 和 Sit（2005）等学者均在研究当标的资产价格服从"马尔科夫调制"指数布朗运动时用风险中性测度计算出期权的定价公式。此外，不少学者也不断在资产价格分布等方面对 BS 期权定价模型进行创新和修正。

（三）二叉树期权定价模型的文献综述

Cox、Ross 和 Rubinstein（1979）提出了二叉树期权定价模型，并证明了二叉树定价公式与 BS 期权定价公式是等价的。二叉树期权定价模型几乎能够应用在所有的期权定价上，但对于一些特征不明确的期权则不适用。然而，在现实情况下，由于假设较为理想化，而金融市场较为复杂，这两种期权定价模型的计算结果往往有一定的偏差。

为了解决模型精度的问题，不少学者对二叉树期权定价模型进行了创新修正。Boyle（1986）引进了三叉树期权定价模型，假设在每个节点上标的资产价格的运动方向有向上、向下和不变。接着，Milne、Madan 和 Shefrin（1989）在二叉树的基础上构建了多叉树模型，容许股票价格的多方向变化，使得期权定价更加一般化。此后，Ritchken 和 Kamrad（1991）简化了 Boyle 的三叉树期权定价模型，并发现了另一种形式的三叉树，即从二叉树中的一个阶段跳过下一个阶段，然后到达第三阶段产生新的三叉树，并对上升因子和下降因子进行优化，使得三叉树模型计算效率更高。随后，李伟和韩立岩（2009）建立了模糊二叉树模型，发现期权价格是一个区间而不是一个特定数值。由于经典二叉树期权定价依赖于不变的资产价格波动率，霍海峰和温鲜（2018）为了弥补此缺陷，构建了新型的变换二叉树期权定价法应用在随机波动率资产中。

（四）蒙特卡洛期权定价模型的文献综述

蒙特卡洛期权定价模型是一种随机模拟算法，被广泛应用在缺乏精准解析解的衍生证券定价中。蒙特卡洛模拟法最早由 19 世纪法国的 Buffon 提出，主要用于求解圆周率的准确数值。蒙特卡洛模拟法的局限性在于计算量巨大，耗费时间长，在当时难以扩大使用范围。随着电子计算机的高速发展，大量计算和循环模拟的功能得以实现，蒙特卡洛模拟法被逐渐应用到各个领域。

Boyle（1977）首次运用蒙特卡洛模拟方法进行期权定价，将蒙特卡洛模拟方法引进金融领域，他认为降低方差能够提高蒙特卡洛期权定价的计算效率，并成功地为欧式看涨股票期权进行定价。Longstaff 和 Schwarts（2001）提出了美式期权最小二乘法定价，打开了美式期权和路径依赖的奇异期权的定价之门，使得蒙特卡洛模拟定价法更具有操作性。Allen，Gao，Mcaleer（2009）将波动率参数融入蒙特卡洛期权定价模型当中，逐渐提高期权定价结果的准确度。由于蒙特卡洛算法所依靠的计算机存在伪随机的现象，使得产生的随机数序列偏差较大，人们为了解决这个问题引进了伪蒙特卡洛模拟法，用一组确定的低偏差随机数列替代计算机产生的伪随机数列。罗付岩等（2008）在欧式看涨期权定价中验证了蒙特卡洛模拟定价方法的效果和效率问题。

三、理论基础

（一）缺口期权

作为奇异期权的其中一种，缺口期权是一种考虑到转移资产费用的欧式期权。设缺口期权的缺口价格为 G，执行价格为 X，转移资产费用为 ΔX，其中 $G = X + \Delta X$。与标准欧式期权不同的是，在期权到期日计算期权价值时，要用期末资产价格与缺口价格做比较，而不是与期权合约执行价格做比较。以看涨期权为例，当 $S_T \geqslant X$ 时，缺口期权与具有执行价格 X 的标准期权的行权收益之差为 $X - G$，其正负取决于 X 与 G 的大小。缺口期权的行权与否取决于期末资产价格与期权合约执行价格的大小关系，而缺口期权的收益大小取决于期末资产价格与缺口价格的大小关系，具体的行权情况如下：

当看涨缺口期权的执行价格小于期末资产价格时，理论上应行权。考虑到昂贵的转移资产费用，若期末资产价格大于缺口价格，此时行权有正收益，实际上应行权；若期末资产价格小于缺口价格，此时行权有负收益，实际上不行权。当看涨缺口期权的执行价格大于期末资产价格时，理论上不行权。根据上述行权原则，看涨缺口期权的收益情况如下：

$$yield_c = \begin{cases} \max(S_T - G,\ 0), & S_T > X \\ 0, & S_T \leqslant X \end{cases} \tag{6.1}$$

当看跌缺口期权的执行价格大于期末资产价格时，理论上应行权。若缺口价格大于期末资产价格，此时行权有正收益，实际上应行权；若缺口价格小于期末资产价格，此时行权有负收益，实际上不行权。当看涨缺口期权的执行价格小于期末资产价格时，理论上不行权。因此，看跌缺口期权的收益情况如下：

$$yield_p = \begin{cases} \max(G - S_T, 0), & S_T < X \\ 0, & S_T \geq X \end{cases} \tag{6.2}$$

（二） BS 模型

BS 模型是新兴衍生金融市场的各种以市价变动定价的衍生金融工具的合理定价基础，其重要假设条件有：

（1）标的资产价格遵循几何布朗运动，即资产价格行为服从对数正态分布。

（2）证券允许卖空、证券交易连续和证券高度可分。

（3）市场无摩擦，即不考虑交易费用或税收等交易成本，所有资产完全可分割。

（4）在衍生证券的存续期内不支付红利。

（5）市场上不存在无风险的套利机会。

（6）无风险利率为一个固定的常数，并且投资者能够以无风险利率借贷。

（7）适用于欧式期权，即只能在到期日行权。

对于看涨和看跌期权，欧式期权的收益情况如下：

$$\begin{cases} c = e^{-rT}\hat{E}\left[\max(S_T - K, 0)\right] \\ p = e^{-rT}\hat{E}\left[\max(K - S_T, 0)\right] \end{cases} \tag{6.3}$$

其中，c 表示看涨期权价值，p 表示看跌期权价值，S_T 表示标的资产期初价格，T 表示期权期限，r 表示无风险利率，K 表示执行价格，$\hat{E}$ 表示在风险中性世界的期望值。

由于标的资产价格 S 服从对数正态分布，则对数化资产价格的期望值为 $\hat{E}(S_T) = S_0 e^{rT}$，对数化资产价格的方差为 $Var(\ln S_T) = \sigma^2 T$，因此可得以下式子（证明过程省略）：

$$\begin{cases} E\left[\max(S_T - K, 0)\right] = E(S_T)N(d_1) - KN(d_2) \\ E\left[\max(K - S_T, 0)\right] = E(K)N(d_1) - S_TN(d_2) \end{cases} \tag{6.4}$$

其中，

$$\begin{cases} d_1 = \dfrac{\ln\left[\hat{E}(S_T)/K\right] + \dfrac{\sigma^2}{2}T}{\sigma\sqrt{T}} \\[4ex] d_2 = \dfrac{\ln\left[\hat{E}(S_T)/K\right] - \dfrac{\sigma^2}{2}T}{\sigma\sqrt{T}} \end{cases} \tag{6.5}$$

将公式（6.4）代入公式（6.3）中，可得：

$$\begin{cases} c = \mathrm{e}^{-rT} \left[S_T N(d_1) - K N(d_2) \right] \\ p = \mathrm{e}^{-rT} \left[K N(d_1) - S_T N(d_2) \right] \end{cases} \tag{6.6}$$

整理可得，BS 期权定价模型的看涨和看跌期权价值为：

$$\begin{cases} c = S_0 \mathrm{e}^{-qT} N(d_1) - K \mathrm{e}^{-rT} N(d_2) \\ p = K \mathrm{e}^{-rT} N(-d_2) - S_0 \mathrm{e}^{-qT} N(-d_1) \end{cases} \tag{6.7}$$

其中，

$$\begin{cases} d_1 = \dfrac{\ln(S_0/K) + \left(r + \dfrac{\sigma^2}{2}\right)T}{\sigma\sqrt{T}} \\ \\ d_2 = \dfrac{\ln(S_0/K) + \left(r - \dfrac{\sigma^2}{2}\right)T}{\sigma\sqrt{T}} \end{cases} \tag{6.8}$$

（三）二叉树期权定价模型

二叉树期权定价模型（Binomial Model）是对 BS 模型的补充和推广，能够有效对欧式期权和美式期权进行定价，又称二项式模型或二叉树法。二叉树期权定价模型假设了股票价格服从随机游走过程，且在每个时期股价的变动方向只有两个，即上升或下降。此外，二叉树期权定价模型假设所有交易证券的收益率期望均为无风险利率，并用于收益期望值贴现进行定价。下文以看涨期权为例，以欧式期权和美式期权为分类展开二叉树期权定价模型。

首先，将期权的有效期限分为许多长度为 Δt 的很小的时间区间。基于二叉树期权定价模型的假设，每个时间区间里股票的价格从期初价格 S 以 p 的概率转变为上升价 Su，以 $1-p$ 的概率转变为下降价 Sd。

然后，在假定风险中性世界的前提下，计算确定上述参数 p、u 和 d。考虑到股票有分红行为的选择，因此设定股票提供收益率为 q 的红利收入，其中 q 可以等于 0。

股票未来收益的期望值贴现后应等于股票期初价格，即：

$$Se^{(r-q)\Delta t} = E(S_t) = pSu + (1-p)Sd \tag{6.9}$$

设股票价格在 Δt 时间段内的变化百分比为 R，由期望值计算方差的公式 $\sigma^2 = E(X^2) - E(X)^2$ 可得 $1 + R$ 的方差为：

$$pu^2 + (1-p)d^2 - e^{2(r-q)\Delta t} \tag{6.10}$$

上述 $1+R$ 的方差与 R 的方差相等。由历史数据估计波动率可知，上述方差应等于 $\sigma^2 \Delta t$。通过把公式（6.9）变形为 $e^{(r-q)\Delta t}(u+d) = pu^2 + (1-p)d^2 + ud$，可得：

$$e^{(r-q)\Delta t}(u+d) - ud - e^{2(r-q)\Delta t} = Var(R) = \sigma^2 \Delta t \tag{6.11}$$

结合 CRR 选择的第三个条件 $u = \dfrac{1}{d}$，p、u 和 d 的计算公式如下：

$$\begin{cases} p = \dfrac{a-d}{u-d} \\ u = e^{\sigma\sqrt{\Delta t}} \\ d = e^{-\sigma\sqrt{\Delta t}} \\ a = e^{(r-q)\Delta t} \end{cases} \tag{6.12}$$

在确定好以上参数后，可以构建树形图并计算每个节点的资产价值（对应每个节点的期权价格），如图 6-1 所示。

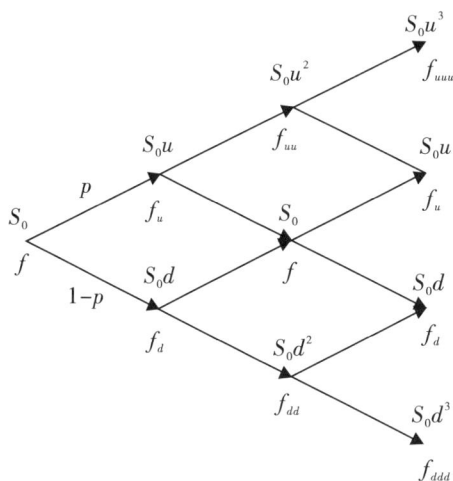

图 6-1 二叉树四步示例图

得到每个节点的资产价格后，采用倒推定价的方法从二叉树的末端 T 时刻往回推，计算出 0 时刻期权的定价。假设在时间 $i\Delta t$ 的第 j 个节点为 (i, j) 节点，其中，$0 \leqslant i \leqslant N-1$

以及 $0 \leqslant j \leqslant i$。在欧式期权的情况下，期权持有者只能在到期日选择行权。每个节点(i, j)的期权价值等于上涨和下降两种情况下［节点 $(i+1, j)$ 和 $(i+1, j+1)$］的期权价值的期望值。通过计算 $N\Delta t$ 时刻期权价值的期望值并以无风险利率 r 贴现，进而计算出 $(N-1)\Delta t$ 时刻每个节点的期权价值，不断倒推到 0 时刻的节点，得出期初欧式期权价值，计算公式如下：

$$
\begin{cases}
f_{i,j} = \mathrm{e}^{-(r-q)\Delta t} \left[pf_{i+1,j+1} + (1-p)f_{i+1,j} \right] \\
0 \leqslant j \leqslant i, \ 0 \leqslant i \leqslant N-1
\end{cases}
\tag{6.13}
$$

在美式期权的情况下，期权持有者能够在到期日之前的任意时间里决定是否行权。在每一个节点上，当考虑到可以提前行使期权时，需要比较在该时刻提前执行期权和继续持有一单位时间的收益（内涵价值）来决定是否行权以及得出对应该节点的美式期权价值，然后再不断倒推到 0 时刻的节点，得出期初美式期权的价值。

对于美式看涨期权，该时刻期权的价值为：

$$
f_{i,j} = \max \left\{ S_0 u^j d^{i-j} - K, \ \mathrm{e}^{-r\Delta t} \left[pf_{i+1,j+1} + (1-p)f_{i+1,j} \right] \right\}
\tag{6.14}
$$

对于美式看跌期权，该时刻期权的价值为：

$$
f_{i,j} = \max \left\{ K - S_0 u^j d^{i-j}, \ \mathrm{e}^{-r\Delta t} \left[pf_{i+1,j+1} + (1-p)f_{i+1,j} \right] \right\}
\tag{6.15}
$$

（四）蒙特卡洛期权定价模型

蒙特卡洛期权定价模型是基于概率论与数理统计的数值定价方法之一，其实质是通过模拟标的资产价格路径来预测期权的平均回报，最终得到期权价格的估计值。蒙特卡洛期权定价模型的优点在于误差收敛率不依赖于问题的维数，适用于高维期权定价。

蒙特卡洛模拟方法的原理是：假设所求量 θ 是随机变量 η 的数学期望 $E(\eta)$，那么蒙特卡洛方法是通过对 η 进行 n 次重复抽样，产生独立同分布的随机变量序列 η_1，η_2，η_3，$\cdots$，η_n，并计算该序列的算术平均值。根据大数定律可知，$P(\lim \bar{\eta}_n = \theta) = 1$。因此可得，当 n 充分大时，$\bar{\eta}_n$ 可用 θ 来估计。蒙特卡洛模拟方法的精度可用估计误差来表示。根据中心极限定理，设随机变量的方差为 σ^2，对于置信水平 $1-\partial$，蒙特卡洛模拟的置信区间为 $\bar{\eta}_n \pm Z_{\frac{\partial}{2}} \times \dfrac{\sigma}{\sqrt{n}}$，误差为 $Z_{\frac{\partial}{2}} \times \dfrac{\sigma}{\sqrt{n}}$，误差收敛速度为 $O(n^{-\frac{1}{2}})$。此外，可以通过提高样本模拟次数或减小方差的方法提高蒙特卡洛模拟方法的精度。

蒙特卡洛模拟方法假设资产的价格变动为几何布朗运动，资产价格收益率符合以下公式：

$$\frac{\Delta S}{S} = \mu \Delta t + \sigma \varepsilon \sqrt{\Delta t} \qquad (6.16)$$

其中，S 表示标的资产价格，σ 表示资产价格的波动率，Δt 表示均分的时间子区间，ε 表示随机扰动项。

从长期的资产价格变化来看，资产价格收益率服从正态分布如下：

$$\frac{\Delta S}{S} \sim N(\mu \Delta t, \ \sigma^2 \Delta t) \qquad (6.17)$$

根据上述资产价格变化的规律，可在该正态分布下不断取样来模拟在风险中性世界中资产价格的变化路径。定价期期初资产价格为 S_0，期末资产价格为 S_T，将期权期限 T 平均分为 i 个子区间，每个子区间的长度为 Δt，对应的资产价格为 S_i。从离散的角度来模拟未来资产价格如下：

$$S_{i+1} = S_i e^{\left(r - \frac{1}{2}\sigma^2\right)\Delta t + \sigma \sqrt{\Delta t} z_i}, \ z_i \sim N(0, \ 1) \qquad (6.18)$$

得知未来资产价格走向后，基于期权的执行价格计算在这条资产价格路径下期权的到期价值，并根据无风险利率对期权到期价值进行贴现。

$$\begin{cases} C = e^{-rT} \max(S_T - K, \ 0) \\ P = e^{-rT} \max(K - S_T, \ 0) \end{cases} \qquad (6.19)$$

通过循环命令重复前两步 n 次，第 j 次循环得到了期权到期价值贴现值为 C_j 或 P_j，得到期权到期价值贴现值的大量样本 C_1，C_2，C_3，$\cdots$，C_n 和 P_1，P_2，P_3，$\cdots$，P_n。求上述样本的算术平均值，最终可得到期权价格的蒙特卡洛模拟值为：

$$\begin{cases} c = \dfrac{1}{n}\sum_{j=1}^{n} C_j = \dfrac{e^{-rT}\sum\limits_{j=1}^{n}\max(S_T - K, \ 0)}{n} \\ p = \dfrac{1}{n}\sum_{j=1}^{n} P_j = \dfrac{e^{-rT}\sum\limits_{j=1}^{n}\max(K - S_T, \ 0)}{n} \end{cases} \qquad (6.20)$$

在蒙特卡洛模拟样本和最终模拟值的基础上，可算出蒙特卡洛模拟方法的方差为：

$$\begin{cases} \mathrm{Var}(c) = \dfrac{1}{n-1}\sum_{j=1}^{n}(C_j - c)^2 \\ \mathrm{Var}(p) = \dfrac{1}{n-1}\sum_{j=1}^{n}(P_j - c)^2 \end{cases} \qquad (6.21)$$

四、缺口期权各定价模型的应用

现设计一个欧式缺口期权，考虑到缺口期权主要应用在行权时转移资产费用较大的情况上，因此以 PTA 此类大宗商品为基础资产，并假设在期权期限内无任何红利收入，即红利率 $q=0$，期权合约期限 T 为 $109/250$ 年（一年有 250 天是交易日）。目前（2020 年 4 月 3 日），PTA 商品的期初价格 S_0 为 4756 元，无风险利率 r 为 0.05（5%）。通过国泰安数据库收集 PTA 商品的最近收市价日数据，计算出相应时间段内（109 天）的历史波动率 s 为 0.049472。由一年的交易日为 250 天，可得年化历史波动率的计算公式如下：

$$\sigma = \frac{s}{\sqrt{250}} \tag{6.22}$$

得出年化历史波动率 σ 为 0.62339。参考通达信金融系统上的 PTA 期权合约 TA008C3100，给出 PTA 缺口期权的执行价格 K 为 4800，缺口价格 G 为 4850。

下文将通过 BS 期权定价模型（解析解）、二叉树期权定价模型和蒙特卡洛期权定价模型（数值解）对基于 PTA 商品的缺口看涨和看跌期权进行定价，并比较定价结果。

（一）缺口期权 BS 期权定价模型的应用

缺口期权的定价公式是基于 BS 定价公式修改得出的，与执行价格为 X 的标准看涨期权相比，缺口期权的定价要高出 $|X-G|\mathrm{e}^{-rT}N(d_2)$。假设期初资产价格为 S_0，执行价格为 X，缺口价格为 G，期权期限为 T，无风险利率为 r，红利率为 q，$N(d)$ 为标准正态分布下的值。

根据上述 BS 期权定价模型的理论基础，结合前人学者的研究成果与缺口期权的收益特点，可得缺口期权的定价公式如下：

（1）看涨缺口期权的定价公式：

$$c = \begin{cases} S_0\mathrm{e}^{-qT}N(d_1) - G\mathrm{e}^{-rT}N(d_2), & X \geqslant G \\ S_0\mathrm{e}^{-qT}N(d_1') - G\mathrm{e}^{-rT}N(d_2'), & X < G \end{cases} \tag{6.23}$$

（2）看跌缺口期权的定价公式：

$$p = \begin{cases} G\mathrm{e}^{-rT}N(-d_2') - S_0\mathrm{e}^{-qT}N(-d_1'), & X \geqslant G \\ G\mathrm{e}^{-rT}N(-d_2) - S_0\mathrm{e}^{-qT}N(-d_1), & X < G \end{cases} \tag{6.24}$$

其中，

$$\begin{cases} d_1 = \dfrac{\ln(S_0/X) + (r - q + \sigma^2/2)T}{\sigma\sqrt{T}} \\[2mm] d_2 = d_1 - \sigma\sqrt{T} \\[2mm] d_1' = \dfrac{\ln(S_0/X) + (r - q + \sigma^2/2)T}{\sigma\sqrt{T}} \\[2mm] d_2' = d_1' - \sigma\sqrt{T} \end{cases} \tag{6.25}$$

已知在 PTA 缺口期权的设计方案中，$X < G$。因此，分别将 X，G，S_0，σ，r，T，q 的具体值代入 $X < G$ 类别的定价公式，可计算出如表 6-1 所示的结果。

表 6-1　BS 期权定价模型的参数计算结果

（单位：元）

	d_1'	d_2'	$N(d_1')$	$N(d_2')$	期权价格
看涨缺口期权	0.2112	-0.2004	0.5836	0.4206	779.9692
看跌缺口期权	0.2364	-0.1752	0.4066	0.5695	769.1414

综上，由 BS 期权定价模型计算得出的缺口期权最终定价分别为看涨 779.97 元，看跌 769.14 元。

（二）缺口期权二叉树定价模型的应用

根据上述二叉树期权定价模型的理论基础，假设基础资产价格 S_0 在未来的变动只有两个方向——上涨和下跌，上涨的概率为 p，下跌的概率为 $(1-p)$。基础资产价格 S_0 上涨的幅度为 $S_0 u$，下跌的幅度为 $S_0 d$。将期权期限 T 等分为 n 个子区间作为二叉树的步长。基于缺口期权的特点，二叉树期权定价模型的应用步骤如下。

1. 生成资产价格二叉树

对资产价格二叉树的每个节点定义为 (i, j)，假定资产期初价格 S_0 为 4756 元，则该价格作为资产价格二叉树矩阵中的（1，1）的节点。用 MATLAB 构建资产价格二叉树如表 6-2 所示。

表 6-2　资产价格二叉树矩阵（局部）

（单位：元）

(i, j)	$j=1$	$j=2$	$j=3$	$j=4$	$j=5$	$j=6$	$j=7$	$j=8$
$i=1$	4756	4799.977	4844.362	4889.156	4934.365	4979.992	5026.040	5072.515
$i=2$	0	4712.425	4756.000	4799.977	4844.362	4889.156	4934.365	4979.992

（续上表）

(i, j)	$j=1$	$j=2$	$j=3$	$j=4$	$j=5$	$j=6$	$j=7$	$j=8$
$i=3$	0	0	4669.250	4712.425	4756.000	4799.977	4844.362	4889.156
$i=4$	0	0	0	4626.470	4669.250	4712.425	4756.000	4799.977
$i=5$	0	0	0	0	4584.083	4626.470	4669.250	4712.425
$i=6$	0	0	0	0	0	4542.083	4584.083	4626.470
$i=7$	0	0	0	0	0	0	4500.469	4542.083
$i=8$	0	0	0	0	0	0	0	4459.235

2. 生成期权价值二叉树

根据缺口期权的收益特点，计算每个点看涨期权和看跌期权的价值。对于缺口看涨和看跌期权价值的二叉树局部矩阵如表 6-3 所示。

表 6-3　看涨期权价值二叉树矩阵（局部）

（单位：元）

(i, j)	$j=1$	$j=2$	$j=3$	$j=4$	$j=5$	$j=6$	$j=7$	$j=8$
$i=1$	779.9171	805.5621	831.8290	858.7253	886.2586	914.4358	943.2643	972.7511
$i=2$	0	754.4638	779.4916	805.1339	831.3984	858.2925	885.8236	913.9990
$i=3$	0	0	729.6230	754.0409	779.0659	804.7055	830.9676	857.8594
$i=4$	0	0	0	705.3872	729.2028	753.6178	778.6399	804.2770
$i=5$	0	0	0	0	681.7492	704.9700	728.7825	753.1944
$i=6$	0	0	0	0	0	658.7013	681.3351	704.5526
$i=7$	0	0	0	0	0	0	636.2360	658.2906
$i=8$	0	0	0	0	0	0	0	614.3455

对于看跌期权，看跌期权价值的二叉树局部矩阵如表 6-4 所示。

表 6-4　看跌期权价值二叉树矩阵（局部）

（单位：元）

(i, j)	$j=1$	$j=2$	$j=3$	$j=4$	$j=5$	$j=6$	$j=7$	$j=8$
$i=1$	769.2347	750.9535	732.8877	715.0409	697.4168	680.0189	662.8503	645.9141
$i=2$	0	787.4081	768.9126	750.6288	732.5605	714.7114	697.0853	679.6854
$i=3$	0	0	805.7948	787.0886	768.5903	750.3038	732.2330	714.3818
$i=4$	0	0	0	824.3910	805.4780	786.7689	768.2677	749.9786
$i=5$	0	0	0	0	843.1930	824.0772	805.1611	786.4490
$i=6$	0	0	0	0	0	862.1969	842.8824	823.7632

(i, j)	$j=1$	$j=2$	$j=3$	$j=4$	$j=5$	$j=6$	$j=7$	$j=8$
$i=7$	0	0	0	0	0	0	881.3986	861.8896
$i=8$	0	0	0	0	0	0	0	900.7939

3. 得出看涨期权和看跌期权的最终定价

根据看涨期权和看跌期权值的二叉树矩阵，可知倒推至 0 时刻的期权价值为看涨 779.92 元，看跌 769.23 元。

（三）缺口期权蒙特卡洛定价模型的应用

在上述蒙特卡洛期权定价模型的理论基础上，拟将期权合约期限 $T = 109/250$ 分为 2000 个子区间（$i = 2000$），每个子区间 $\Delta t = 109/500000$。在时间 T 里模拟生成 2000 个资产价格，即每个 Δt 内生成 1 个资产价格，最终形成资产价格的变化路径。基于这条资产价格变化路径，根据缺口期权的特点，分别计算看涨期权和看跌期权的到期贴现价值，形成缺口期权蒙特卡洛模拟价值的样本之一。重复上述操作 5000 次，即循环模拟次数 $n = 5000$，分别得到 5000 个看涨期权和看跌期权的蒙特卡洛模拟样本，即 C_1，C_2，…，C_{5000} 和 P_1，P_2，…，P_{5000}。将上述样本值进行算术平均，得出最终的看涨缺口期权和看跌缺口期权的蒙特卡洛模拟定价 c 和 p。缺口期权蒙特卡洛定价模型的详细步骤如下：

1. 重复模拟生成 5000 条含 2000 个标的资产价格变化路径

已知 $S_0 = 4756$，根据公式（6.14）可得到 2000 个标的资产价格，形成变化路径并记录下来。如表 6 - 5 所示为第 5000 次重复模拟时得到的标的资产价格变化路径。

表 6 - 5　资产价格蒙特卡洛模拟路径的实例其一（局部）

（单位：元）

子区间	$i=1$	$i=2$	$i=3$	$i=4$	$i=5$	$i=6$	$i=7$	$i=8$
资产价格模拟值	4756.000	4759.485	4777.489	4790.343	4811.418	4767.839	4730.079	4753.239
子区间	$i=9$	$i=10$	$i=11$	$i=12$	$i=13$	$i=14$	$i=15$	$i=16$
资产价格模拟值	4853.816	4978.662	5026.741	4952.066	4928.250	4930.660	4956.038	4989.874
子区间	$i=17$	$i=18$	$i=19$	$i=20$	$i=21$	$i=22$	$i=23$	$i=24$
资产价格模拟值	5045.423	5000.317	5023.972	5072.386	5059.273	5050.025	5040.766	5098.885
⋮	⋮	⋮	⋮	⋮	⋮	⋮	⋮	⋮
子区间	$i=1993$	$i=1994$	$i=1995$	$i=1996$	$i=1997$	$i=1998$	$i=1999$	$i=2000$
资产价格模拟值	6921.461	6829.779	6858.603	6768.153	6789.081	6737.011	6807.662	6842.788

2. 计算每条资产价格模拟路径下期权的到期价值和贴现价值

每得到一条资产价格变化路径后，根据公式（6.15）计算该路径下缺口期权的到期价值和贴现价值，5000 次重复模拟可得到如表 6 - 6 所示的样本值。

表 6 - 6　蒙特卡洛模拟期权定价的样本结果（局部）

（单位：元）

模拟次数	$n=1$	$n=2$	$n=3$	$n=4$	$\cdots$	$n=4997$	$n=4998$	$n=4999$	$n=5000$
看涨期权到期价值	0	0	1821.395	0	$\cdots$	587.4210	1519.376	0	1528.983
看涨期权贴现价值	0	0	1782.118	0	$\cdots$	574.7538	1486.612	0	1496.012
看跌期权到期价值	0	2234.531	2156.714	1207.518	$\cdots$	0	0	2301.686	0
看跌期权贴现价值	0	2186.345	2110.207	1181.479	$\cdots$	0	0	2252.053	0

3. 对上述期权贴现价值的样本值求平均，得到缺口期权的蒙特卡洛定价

分别得到看涨和看跌缺口期权贴现价值 5000 个样本值后，对其进行算术平均，得到缺口期权的蒙特卡洛模拟平均价值为看涨 739.88 元，看跌 776.94 元。

五、缺口期权的 *Delta* 对冲

（一）静态 *Delta* 对冲

期权的 *Delta* 值定义为期权价格变动与其标的资产价格变动的比率，它是描述期权价格与标的资产价格之间关系曲线的切线斜率。在一般情况下，期权价格与标的资产价格的函数图像为曲线。*Delta* 值的公式为：

$$\begin{cases} \Delta = \dfrac{\partial c}{\partial s}, & 看涨期权 \\[2mm] \Delta = \dfrac{\partial p}{\partial s}, & 看跌期权 \end{cases} \tag{6.26}$$

Delta 对冲的作用是为了使金融机构所持头寸的价值尽量保持不变，对冲标的资产价格变动带来的期权风险。每个标的资产本身的 *Delta* 为 1.0，当投资者购买或出售标的资产以对冲 *Delta* 时，标的资产头寸的 *Delta* 与期权头寸的 *Delta* 相互抵消，此时，投资者整体头寸的 *Delta* 为 0。*Delta* 为 0 的头寸便成为 *Delta* 中性。

下文对基于 PTA 商品的缺口期权进行 *Delta* 对冲。在蒙特卡洛期权定价的基础上构建一个静态 *Delta* 平衡。由于蒙特卡洛期权定价模型的计算结果较为不稳定，且有一定的误差，因此标的资产价格的变动 ΔS 不宜取较小值（方媛等，2018）。在忽略交易费用的前提下，假设 PTA 商品价格的变动为 $\Delta S = 4756 \times 1\%$，令 PTA 商品的期初价格上涨或下降 0.5%。套用上文的蒙特卡洛期权定价模型，将期限区间分为 200 个，并循环 500 次求资产价格的平均。然后分别计算资产价格上涨和下降两种情况下看涨期权和看跌期权的价

格，利用公式（6.27）计算出 Delta 值。循环上述步骤 $k = 10$ 次，分别得到 10 个看涨期权和看跌期权的 Delta 值，取中值得到最终的 Delta。

$$\begin{cases} \Delta(call\ option) = \dfrac{c(plus) - c(minus)}{\Delta(s)} \\ \Delta(put\ option) = \dfrac{p(plus) - p(minus)}{\Delta(s)} \end{cases} \quad (6.27)$$

使用 MATLAB 进行循环计算，可得标的资产价格上涨和下跌情况下看涨和看跌缺口期权价格如表 6-7 所示。

表 6-7　价格上涨和下跌情况下看涨和看跌缺口期权的价格

（单位：元）

循环次数	1	2	3	4	5	6	7	8	9	10
资产价格下降 看涨期权价格	870.7	755.9	836.2	805.9	884.7	759.0	781.2	860.1	666.6	734.9
资产价格上涨 看涨期权价格	712.5	689.5	889.4	888.6	795.2	800.6	843.5	742.0	705.6	766.0
资产价格下降 看跌期权价格	816.1	781.0	778.8	775.0	725.2	772.2	806.4	790.2	876.2	851.5
资产价格上涨 看跌期权价格	739.1	816.2	837.2	762.4	757.7	785.9	740.8	745.1	757.2	769.0

根据公式（6.26）计算看涨和看跌期权的 Delta 值，分别取中值后可得缺口看涨期权和看跌期权的 Delta 值分别为 0.7331 和 -0.6054。结果表明，由于缺口期权是欧式期权，那么对一个缺口看涨期权空头做对冲时，对卖出的每个期权需要维持拥有 0.7331 份 PTA 商品的多头。类似地，对一个缺口看涨期权多头做对冲时，对买进的每个期权需要维持拥有 0.7331 份 PTA 商品的空头。同理，对一个缺口看跌期权的空头，对卖出的每个期权需要维持拥有 0.6054 份 PTA 商品的空头。而对一个缺口看跌期权的多头，对买进的每个期权需要维持拥有 0.6054 份 PTA 商品的多头。

（二）动态 Delta 对冲

在现实生活中，Delta 为 0 是几乎不存在的，即 Delta 对冲状态只能维持在一段较短的时间里。因此，动态 Delta 对冲更符合现实中资产价格的频繁变动情况。动态 Delta 对冲是指在期权有效期内不断地进行不同 Delta 值的对冲，不断调整对冲策略达到再平衡，弥补静态 Delta 对冲"保完即忘"的劣势。

衍生产品交易商一般每天都会将其头寸重新平衡一次，以使其为 Delta 中性，对冲期权风险。假设 Delta 对冲交易每天进行一次，在本实验设计的基于 PTA 商品的缺口期权有限期 $T = \frac{109}{250}$ 内，可以进行 109 次 Delta 对冲交易。将标的资产价格 PTA 商品在该期限内划分为 109 个价格变动子区间，分别计算每天资产价格变化后的 Delta 值，得到在期权有效期内的动态 Delta 对冲值。

首先利用广义维纳过程模拟该标的资产 PTA 商品未来 109 天的价格，循环 109 次后得到 109 条标的资产价格在 109 天内变动的轨迹，取这 109 条价格轨迹的平均值，得到每天的最终模拟价格。对于每一天的资产价格，分别计算缺口看涨和看跌期权价值，并根据公式（6.26）分别计算出缺口看涨和看跌期权的 Delta 值。由于正文篇幅有限，仅在此展示每周的 Delta 对冲如表 6 – 8 所示，每天的 Delta 动态对冲见附录。

表 6 – 8　每周平衡的 Delta 动态对冲

周期	资产价格（元）	看涨期权 Delta	看跌期权 Delta
1	4928. 46	0. 98	0. 00
2	4773. 90	0. 00	(1. 00)
3	4932. 70	0. 31	(0. 67)
4	4689. 58	0. 00	(0. 98)
5	4758. 69	0. 00	(0. 98)
6	4615. 59	0. 00	(0. 98)
7	4866. 96	0. 98	0. 00
8	4836. 24	0. 00	(1. 00)
9	4577. 19	0. 00	(0. 98)
10	4776. 41	0. 78	(0. 19)
11	4650. 81	0. 01	(0. 96)
12	4950. 76	0. 39	(0. 59)
13	4852. 84	0. 98	0. 00
14	4696. 44	0. 00	(0. 99)
15	4730. 90	0. 00	(0. 98)

如表 6 – 8 所示，1 周以后标的资产 PTA 商品价格上涨到 4928. 46 元，缺口看涨期权的 Delta 值为 0. 98，表示对一个缺口看涨期权空头做对冲时，对卖出的每个期权需要维持拥有 0. 98 份 PTA 商品的多头；对一个缺口看涨期权多头做对冲时，对买进的每个期权需要维持拥有 0. 98 份 PTA 商品的空头。以此类推，可根据每个周期缺口看涨和看跌期权的 Delta 值做相应的对冲交易，实现投资者所持有头寸的不变。

考虑到现实生活中做对冲交易时所需缴纳的交易费用，交易员频繁进行 Delta 对冲交易会引发昂贵的交易费用甚至影响期权价格，对冲时间间隔的选择和容忍区间同样也影响了对冲交易的净收益和对冲效果。因此，最优 Delta 对冲策略要求总的对冲交易费用最小化和对冲时间间隔最优化（刘光远，2018）。最优 Delta 对冲策略能够广泛应用在期权风险对冲上，这是未来研究的扩展方向。

六、结论

缺口期权是奇异期权的其中一种，其创新的执行条件能够充分考虑到转移资产的高昂费用，受到大多数持有大宗商品投资者的青睐。为了进一步研究缺口期权的具体应用，本实验首先详细地介绍了三大期权定价模型的技术来源和发展历程，并在标准期权的基础上，设计了一份基于 PTA 大宗商品的缺口期权。其中，该期权有效期为 109 天，资产期初价格为 4756 元，历史波动率为 0.62339，无风险利率为 5%。然后，根据缺口期权的特点，本实验采用上述三大期权定价模型对该期权进行定价。最后，考虑到期权风险，本实验对该缺口期权进行 Delta 值的动静态对冲，得到一系列的 Delta 值。

由以上 BS 期权定价模型、二叉树期权定价模型和蒙特卡洛期权定价模型的应用可得，缺口期权的三种定价结果如表 6 - 9 所示。

表 6 - 9　缺口期权各定价模型的结果比较

（单位：元）

	BS 期权定价模型	二叉树期权定价模型	蒙特卡洛期权定价模型
看涨缺口期权	779.9692	779.9171	739.8765
看跌缺口期权	769.1414	769.2347	776.9431

可见，对于看涨缺口期权，BS 期权定价模型的定价最高，蒙特卡洛期权定价模型的定价最低；对于看涨缺口期权，蒙特卡洛期权定价模型的定价最高，BS 期权定价模型的定价最低；总体来看，BS 期权定价模型与二叉树期权定价模型的定价结果最为相近，与蒙特卡洛期权定价模型的定价结果相差较大。但由于随机模拟的结果可变，蒙特卡洛期权定价模型的定价结果在一定的范围内浮动。

在缺口期权的 Delta 静态对冲中，看涨期权和看跌期权的 Delta 值分别为 0.7331 和 -0.6054。这说明，缺口看涨和看跌期权的对冲比率为：

缺口看涨期权（空头）：PTA 商品（多头）= 1 : 0.7331；

缺口看跌期权（空头）：PTA 商品（空头）= 1 : 0.6054。

在缺口期权的 Delta 动态对冲中，Delta 值随着期权虚值和实值的转变而变动剧烈，有时候也会发生 Delta 值骤降为 0 的情况。对于时刻变化的 Delta 值，投资者可以根据对冲交易费用和对冲效果来衡量是否采取对冲策略。除了 Delta 值，期权还可以对冲 Theta、Gamma 和 Vega 等希腊值。通过管理这些希腊值，可以将期权风险控制在一个可以接受的范围之内。本实验通过设计基于 PTA 商品的缺口期权，展开对缺口期权的定价研究，并在计算定价的基础上进行 Delta 动静态对冲，为我国将来奇异期权的应用和风险管理提供借鉴思路。由于篇幅有限，本实验的研究仅聚焦在基础的期权定价模型和最经典的风险对冲上，读者可以试着将基础模型改为采用多种新型二叉树的模型，例如三叉树、变换二叉树等，采用优化过的蒙特卡洛模型克服计算结果不稳定的问题，或者在计算波动率时选择

GARCH 模型计算隐含波动率等。

参考文献

［1］ 张艳，孙彤. 关于欧式缺口期权定价模型的研究［J］.徐州师范大学学报（自然科学版），2006，24（4）：44－47.

［2］ 何成洁，沈明轩. 分数布朗运动环境中欧式缺口期权的定价［J］.科技信息（学术研究），2008（24）：435，439.

［3］ 张艳，周圣武，韩苗，等. 随机利率 Vasicek 模型下的欧式缺口期权的定价研究［J］.大学数学，2012，28（4）：98－101.

［4］ 蔺捷，薛红，王晓东. 分数布朗运动环境下缺口期权定价模型［J］.哈尔滨商业大学学报（自然科学版），2012，28（5）：616－619.

［5］ 白婷，李翠香. 具有时变参数的分数布朗运动环境下欧式缺口期权定价［J］.商丘师范学院学报，2015，31（3）：19－21，26.

［6］ 金宇寰，薛红，冯进钤. 双分数随机利率下缺口期权定价模型［J］.纺织高校基础科学学报，2016，29（2）：178－183.

［7］ BLACK F，SCHOLES M. The pricing of options and corporate liabilities［J］. Journal of political economy，1973，81（3）：637－654.

［8］ MERTON R C. Option pricing when underlying stock returns are discontinuous［J］. Journal of financial economics，1976，3（1－2）：125－144.

［9］ 董甜. 两种期权定价模型的实证结果比较——基于上证 50ETF 期权［D］.苏州：苏州大学，2019.

［10］ ENGLE R F. Autoregressive conditional heteroskedasticity with estimates of the variance of UK inflation［J］. Econometrica，1982（50）：987－1008.

［11］ BOLLERSLEV T. Generalized autoregressive conditional heteroscedasticity［J］. Journal of econometrics，1986，31（3）：307－327.

［12］ DUMAS B，FLEMING J，WHALEY R E. Implied volatility functions：Empirical tests［J］. The Journal of finance，1998，53（6）：2059－2106.

［13］ BUFFINGTON K，ELLIOTT R J. American options with regime switching［J］. International journal of theoretical and applied finance，2002，5（5）：497－514.

［14］ ELLIOTT R J，CHAN L，SIT T K. Option pricing and Esscher transform under regime switching［J］. Annals of finance，2005，1（4）：423－432.

［15］ COX J C，ROSS S A，RUBINSTEIN M. Option pricing：a simplified approach［J］. Journal of financial economics，1979，7（3）：229－263.

［16］ BOYLE P P. Option valuation using a three jump process［J］. International options journal，1986（3）：7－12.

［17］ MILNE F，MADAN D，SHEFRIN H. The multinomial option pricing model and its brownian and poisson limits［J］. The review of financial studies，1989，2（2）：251－265.

［18］ RITCHKEN P，KAMRAD B. A binomial contingent claims model for valuing risky ventures ［J］. European journal of operational research，1991，53（1）：106 － 118.

　　［19］李伟，韩立岩. Knight 不确定条件下的模糊二叉树期权定价模型［J］. 中国管理科学，2009，17（6）：9 － 16.

　　［20］霍海峰，温鲜. 基于变换二叉树法的期权定价研究［J］. 广西师范学院学报（自然科学版），2018，35（3）：32 － 37.

　　［21］董丽沙，王湘玉. 基于三叉树模型的美式期权定价及其 Matlab 算法［J］. 河北科技师范学院学报，2017，31（2）：7 － 11，67.

　　［22］BOYLE P P. Options：a Monte Carlo approach［J］. Journal of financial economics，1977，4（3）：323 － 338.

　　［23］LONGSTAFF F A，SCHWARTZ E S. Valuing American options by simulation：a simple least-squares approach［J］. The review of financial studies，2001，14（1）：113 － 147.

　　［24］ALLEN D E，GAO J，MCALEER M. Modelling and managing financial risk［J］. Mathematics and computers in simulation，2009，79（8）：2521 － 2524.

　　［25］罗付岩，徐海云. 拟蒙特卡洛模拟方法在金融计算中的应用研究［J］. 数理统计与管理，2008（4）：605 － 610.

　　［26］方媛，耿国靖. 亚式期权的定价与 delta 对冲［J］. 经济师，2018（6）：76 － 78.

　　［27］刘光远. 工商银行 A 股股票虚拟 BS 期权定价与最优 Delta 对冲的构造［J］. 中国集体经济，2018（23）：86 － 88.

附　录

```
1. BS 模型的 MATLAB 代码
r=0.05; % 平均收益率
S0=4756; % 标的资产期初价格
sigma=0.62339; % 历史波动率
T=109/250; %期权有效期/年单位
X=4800; % 执行价格
G=4850; % 缺口价格
q=0; % 红利率（本章不考虑）

if X>=G
%----看涨期权  X>=G
d1=(log(S0/X)+(r-q+(sigma^2)/2)*T)/(sigma*sqrt(T));
    d2=d1-sigma*sqrt(T);
N1=normcdf(d1);
    N2=normcdf(d2);
```

```
        c=S0*exp(-q*T)*N1-G*exp(-r*T)*N2;
%----看涨期权 X<G
else
        d11=(log(S0/G)+(r-q+(sigma^2)/2)*T)/(sigma*sqrt(T));
        d22=d11-sigma*sqrt(T);
        N11=normcdf(d11);
        N22=normcdf(d22);
        c=S0*exp(-q*T)*N11-G*exp(-r*T)*N22;
end
if X>=G
%---看跌期权 X>=G
        d3=(log(S0/G)+(r-q+(sigma^2)/2)*T)/(sigma*sqrt(T));
        d4=d3-sigma*sqrt(T);
        N3=normcdf(-d3);
        N4=normcdf(-d4);
        p=G*exp(-r*T)*N4-S0*exp(-q*T)*N3;
%---看跌期权 X<G
else
        d33=(log(S0/X)+(r-q+(sigma^2)/2)*T)/(sigma*sqrt(T));
        d44=d33-sigma*sqrt(T);
        N33=normcdf(-d33);
        N44=normcdf(-d44);
        p=G*exp(-r*T)*N44-S0*exp(-q*T)*N33;
end
```

2. 二叉树期权定价模型的 MATLAB 代码

```
% 设置参数
X=4800;   %执行价格
G=4850;    %缺口价格
T=109/250;  %期权期限，年单位
r=0.05;   %无风险利率
n=2000;   %二叉树步数
sigma=0.62339;    %历史波动率
```

```
s0=4756;   %初始价格
%  二叉树参数
dt=T/n;   %步长
u=exp(sigma*dt^0.5);   %上涨幅度
d=1/u;   %下跌幅度
p=(exp(r*dt)-d)/(u-d);   %资产价格上涨概率


%生成资产价格树
price=zeros(n+1,n+1);   %资产价格矩阵
price(1,1)=s0;
for i=1:n
    price(1,i+1)=s0*u^i;
end
for i=2:n+1
    for j=2:n+1
        pricc(j,i)= price(j-1,i)*d^2;
        if j==i
            break
        end
    end
end
%期权价格树
%看涨期权
c=zeros(n+1,n+1);
for i=1:n+1
    if price(i,end)>X
        c(i,end)=max(price(i,end)-G,0);
    else
        c(i,end)=0;
    end
end
%倒推期权价格树
```

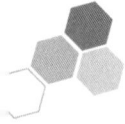

```
for i=1:n
    for j=1:n+1
        c(j,n+1-i)=exp(-r*dt)*(p*c(j,n+2-i)+(1-p)*c(j+1,n+2-i));
        if j==n+1-i
            break
        end
    end
end
%看跌期权
p=zeros(n+1,n+1);    %看跌期权价格矩阵
for i=1:n+1
    if price(i,end)<X
        p(i,end)=max(G-price(i,end),0);
    else
        p(i,end)=0;
    end
end
%倒推期权价格树
for i=1:n
    for j=1:n+1
        p(j,n+1-i)=exp(-r*dt)*(p*p(j,n+2-i)+(1-p)*p(j+1,n+2-i));
        if j==n+1-i
            break
        end
    end
end
```

3. 蒙特卡洛期权定价模型的 MATLAB 代码

```
r=0.05; % 无风险利率
S(1)=4756; % 标的资产期初价格
sigma=0.623396; % 历史波动率
T=109/250; %期权期限
dt=109/500000; %  子区间
```

```
G=4850; %  缺口执行价格
X=4800; %  合约执行条件


%看涨期权定价
for i=1:5000
    for j=1:2000
        S(1)=4756;
        t(1)=1;
        S(j+1)=S(j)*exp((r-(sigma^2)/2)*dt+sigma*normrnd(0,1)*sqrt(dt));
        t(j+1)=j+1;
    end
        plot(t,S)
        hold on
    if S(2001)> X
        C(i)=max(S(2001)-G,0);
    else
        C(i)=0;
    end
end
c1=C*exp(-r*T);
s2_c=var(c1);
s_c=sqrt(s2_c)/sqrt(5000);
c=mean(c1);
%看跌期权定价
for i=1:5000
    for j=1:2000
        S(1)=4756;
        t(1)=1;
        S(j+1)=S(j)*exp((r-(sigma^2)/2)*dt+sigma*normrnd(0,1)*sqrt(dt));
        t(j+1)=j+1;
    end
        plot(t,S)
```

```
            hold on
        if S(2001)< X
                P(i)=max(G-S(2001),0);
        else
                P(i)=0;
        end
end
p1=P*exp(-r*T);
s2_p=var(p1);
s_p=sqrt(s2_p)/sqrt(5000);
p=mean(p1);
```

4. 静态 *Delta* 对冲的 MATLAB 代码

```
r=0.05; % 无风险利率
S(1)=4756; % 标的资产期初价格
sigma=0.623396; % 历史波动率
T=109/250; %期权期限
dt=109/50000; % 单位时间间隔
G=4850; % 缺口执行价格
X=4800; % 合约执行条件
delta_s=S(1)*0.01; %资产价格变化
%资产价格下跌 0.5%
for k=1:10   %delta 循环次数
    for i=1:500 %蒙特卡洛循环次数
        for j=1:200    %模拟价格路径 200 个子区间
            S(1)=4756*0.995;
            S(j+1)=S(j)*exp((r-(sigma^2)/2)*dt+sigma*normrnd(0,1)*sqrt(dt));
        end
        if S(201)> X    %计算期权价值
            C_minus(i)=exp(-r*T)*max(S(201)-G,0);
            P_minus(i)=0;
        elseif S(201)<X
            C_minus(i)=0;
```

```
                    P_minus(i)=exp(-r*T)*max(G-S(201),0);
            else
                    C_minus(i)=0;
                    P_minus(i)=0;
            end
    end
    c_minus(k)=mean(C_minus);
    p_minus(k)=mean(P_minus);
    clear C_minus;
    clear P_minus;
    %资产价格上涨 0.5%
    for m=1:500
            for n=1:200
                    S(1)=4756*1.005;
                    S(n+1)=S(n)*exp((r-(sigma^2)/2)*dt+sigma*normrnd(0,1)*sqrt(dt));

            end
            if S(201)> X
                    C_plus(m)=exp(-r*T)*max(S(201)-G,0);
                    P_plus(m)=0;
            elseif S(201)<X
                    C_plus(m)=0;
                    P_plus(m)=exp(-r*T)*max(G-S(201),0);
            else
                    C_plus(m)=0;
                    P_plus(m)=0;
            end
    end
    c_plus(k)=mean(C_plus);
    p_plus(k)=mean(P_plus);
    clear C_plus;
    clear P_plus;
```

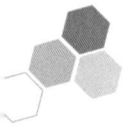

```
    %计算 delta
    delta_call_option(k)=(c_plus(k)-c_minus(k))/delta_s;
    delta_put_option(k)=(p_plus(k)-p_minus(k))/delta_s;
end
    %delta 取中间值
delta_call=median(delta_call_option);
delta_put=median(delta_put_option);
```

5. 动态 *Delta* 对冲的 MATLAB 代码

```
r=0.05; % 无风险利率
T=109/250; %期权有效期，年单位
sigma=0.62339; % 历史波动率
dt=1/250; % 单位时间间隔
G=4850; % 缺口执行价格
X=4800; % 合约执行条件
s0=4756; %标的资产期初价格
expterm=r*dt;
stddev=sigma*sqrt(dt);
ndays1=109;
c1=739.8765;
p1=776.9431;
s1=zeros(109,109);
delta_call_option=zeros(1,109);
delta_put_option=zeros(1,109);
c=zeros(1,109);
p=zeros(1,109);
delta_s=zeros(1,109);
for ndays=1:ndays1
    ntrails=109;
    for j=1:ntrails
        n=randn(1,ndays);
        s=s0;
        for i=1:ndays
```

```
                ds=s*(expterm+stddev*n(i));
                s=s+ds;
            end
        s1(ndays,j)=s;
    end
end
s2=mean(s1);
figure(1)
plot(s1,'-o')
%计算期权价值
for k=1:109
    if s2(k)>X
        c(k)=exp(-r*T)*max(s2(k)-G,0);
        p(k)=0;
    elseif s2(k)<X
        c(k)=0;
        p(k)=exp(-r*T)*max(G-s2(k),0);
    else
        c(k)=0;
        p(k)=0;
    end
%计算 delta
    if k>1
        delta_s(k)=s2(k)-s2(k-1);
        delta_call_option(k)=(c(k)-c(k-1))/delta_s(k);
        delta_put_option(k)=(p(k)-p(k-1))/delta_s(k);
    elseif k==1
        delta_s(k)=s2(k)-s0;
        delta_call_option(k)=(c(k)-c1)/delta_s(k);
        delta_put_option(k)=(p(k)-p1)/delta_s(k);
    end
end
```

6. 109 天动态 *Delta* 对冲的模拟情况

天数	资产价格	看涨期权 *Delta*	看跌期权 *Delta*	天数	资产价格	看涨期权 *Delta*	看跌期权 *Delta*
1	4546.48	1.00	1.00	33	4586.58	0.14	(0.84)
2	4750.43	0.00	(0.98)	34	4670.93	0.00	(0.98)
3	4761.32	0.00	(0.98)	35	4758.69	0.00	(0.98)
4	4783.40	0.00	(0.98)	36	4979.81	0.57	(0.40)
5	4875.04	0.27	(0.71)	37	4943.74	0.98	0.00
6	5055.33	0.98	0.00	38	4641.93	0.30	(0.67)
7	4928.46	0.98	0.00	39	4837.29	0.00	(1.00)
8	4912.66	0.98	0.00	40	4708.05	0.00	(1.00)
9	4725.24	0.33	(0.65)	41	4760.29	0.00	(0.98)
10	5023.68	0.57	(0.41)	42	4615.59	0.00	(0.98)
11	5202.28	0.98	0.00	43	5050.15	0.45	(0.53)
12	5022.05	0.98	0.00	44	4949.80	0.98	0.00
13	4845.03	0.95	0.00	45	4691.51	0.38	(0.60)
14	4773.90	0.00	(1.00)	46	4610.98	0.00	(0.98)
15	4643.26	0.00	(0.98)	47	4699.26	0.00	(0.98)
16	4700.88	0.00	(0.98)	48	4953.24	0.40	(0.58)
17	4808.87	0.00	(1.00)	49	4866.96	0.98	0.00
18	4807.41	0.00	0.00	50	4910.77	0.98	0.00
19	4787.91	0.00	(1.00)	51	4933.28	0.98	0.00
20	4670.14	0.00	(0.98)	52	4786.21	0.55	(0.42)
21	4932.70	0.31	(0.67)	53	4891.56	0.39	(0.59)
22	4906.09	0.98	0.00	54	4863.44	0.98	0.00
23	4631.93	0.20	(0.78)	55	4759.32	0.13	(0.85)
24	4820.01	0.00	(1.00)	56	4836.24	0.00	(1.00)
25	4990.56	0.81	0.00	57	4933.12	0.84	0.00
26	4785.68	0.67	(0.31)	58	4892.40	0.98	0.00
27	4732.40	0.00	(0.98)	59	4826.10	0.63	0.00
28	4689.58	0.00	(0.98)	60	4833.57	0.00	0.00
29	4922.53	0.30	(0.67)	61	4750.08	0.00	(1.00)
30	4816.32	0.67	0.00	62	4557.37	0.00	(0.98)
31	4891.25	0.54	0.00	63	4713.00	0.00	(0.98)
32	4893.94	0.98	0.00	64	4577.19	0.00	(0.98)

天数	资产价格	看涨期权 Delta	看跌期权 Delta	天数	资产价格	看涨期权 Delta	看跌期权 Delta
65	4701.42	0.00	(0.98)	88	4858.55	0.98	0.00
66	4659.18	0.00	(0.98)	89	4809.40	0.17	0.00
67	4927.31	0.28	(0.70)	90	4868.88	0.31	0.00
68	4901.13	0.98	0.00	91	4852.84	0.98	0.00
69	5148.01	0.98	0.00	92	4650.81	0.49	(0.49)
70	4776.41	0.78	(0.19)	93	4854.54	0.00	(0.98)
71	4565.82	0.00	(0.98)	94	4753.13	0.00	(0.98)
72	4930.35	0.22	(0.76)	95	4617.75	0.00	(1.00)
73	4820.41	0.72	0.00	96	4937.22	0.13	0.00
74	5033.18	0.84	0.00	97	5101.07	0.71	0.00
75	4817.14	0.83	0.00	98	4696.44	0.00	(0.99)
76	4852.84	0.08	0.00	99	4950.76	0.43	(0.55)
77	4650.81	0.01	(0.96)	100	4897.99	0.35	(0.63)
78	4854.54	0.02	(0.96)	101	4700.44	0.11	(0.87)
79	4753.13	0.04	(0.93)	102	4929.06	0.82	0.00
80	4617.75	0.00	(0.98)	103	4858.55	0.91	0.00
81	4937.22	0.27	(0.71)	104	4809.40	0.95	0.00
82	5101.07	0.98	0.00	105	4868.88	0.00	(0.99)
83	4696.44	0.61	(0.37)	106	4730.90	0.00	(0.98)
84	4950.76	0.39	(0.59)	107	4740.86	0.00	(0.98)
85	4897.99	0.98	0.00	108	5084.78	0.67	(0.31)
86	4700.44	0.24	(0.74)	109	4799.69	0.81	(0.17)
87	4929.06	0.34	(0.64)				

实验七

欧式篮筐式期权的定价

篮筐式期权是一种涉及多种资产的期权，其标的资产为一个包含多种资产的组合，因此期权的收益与组合资产的价值密切相关。本实验选取了 10 只股票构成组合，并假设组合中的资产服从相关的几何布朗运动，运用蒙特卡洛模拟法计算出欧式篮筐式期权的价格。

一、引言

篮筐式期权是涉及多资产的期权中较为常见的品种，它的收益取决于组合在到期日时各个资产价格的算术平均或加权平均值。如今，篮筐式期权被广泛应用于指数交易和外汇交易，但由于其定价没有解析解，因此对篮筐式期权进行定价会比较困难。本实验将用蒙特卡洛模拟法对含有 10 只股票的欧式篮筐式期权进行定价。

二、文献综述

蒙特卡洛模拟法在期权的定价中有着非常广泛的应用。刘守涛（2015）用蒙特卡洛模拟法进行了上证 50ETF 期权定价的实证检验，通过比较模拟数据和实际数据说明模拟效果较好。方艳等（2017）也对上证 50ETF 期权的有效性进行了实证研究并与 B - S - M 模型作对比，得出了蒙特卡洛模拟法能准确、有效地模拟出上证 50ETF 期权价格的结论，而且当模拟次数为 1000 时，其精确度高于 B - S - M 模型。李诗云和朱晓武（2016）设计了以 PM2.5 浓度指数为标的的雾霾期权合约，在无套利定价框架下基于鞅定价方法对雾霾指数期权进行蒙特卡洛模拟定价，能够较准确地得到以各指数标的的雾霾指数期权价格。彭红枫和肖祖沔（2016）以防癌险为例研究消费型互联网保险中蕴含的期权结构，并采用蒙特卡洛模拟及无套利方法来对所研究的保险产品进行定价，提供了一个对蕴含路径依赖复杂期权结构的消费型保险产品的基准定价框架。

对篮筐式期权定价的方法有很多，如有限元法、有限差分法、一般傅里叶变换等。但篮筐式期权是多标的资产期权，对于高维期权，以上方法会比较难以实施，而且计算成本也比较高。虽然蒙特卡洛模拟法的收敛速度会比较慢，但它的一个优点在于给高维期权进行定价时，其收敛速度不依赖于维数。然而，近年也有学者提出改进蒙特卡洛模拟法以加快蒙特卡洛模拟收敛速度。例如，陈辉（2008）分析了控制变量、对偶变量、分层抽样、拉丁超立方抽样、矩匹配和重要性抽样技术在蒙特卡洛模拟方差缩减中的作用，其中基于最优漂移率的重要性抽样技术与沿着最优分层抽样方向进行的分层抽样技术的组合，比起普通的蒙特卡洛模拟有极其明显的效率提高效果。宋斌等（2016）利用多层次蒙特卡洛方法对巴黎期权进行定价，其研究表明在给定的精度条件下，与标准蒙特卡洛方法相比，多层蒙特卡洛方法能够将运算成本从 $O(\varepsilon^{-3})$ 减少到 $O[\varepsilon^{-2}(\log\varepsilon)^2]$，能够更快地收敛到真值附近，将其应用于巴黎期权的定价计算中，可增加巴黎期权的数值算法选择范围，并提高巴黎期权定价的精度。Dingeç 和 Hörmann（2013）将控制变量法和条件蒙特卡洛模拟法相结合，对篮筐式期权和亚式期权进行定价，提高了蒙特卡洛模拟法的定价效率。

三、蒙特卡洛模拟

（一）蒙特卡洛模拟的基本思想

蒙特卡洛模拟这个名字源于摩纳哥的一座赌场。蒙特卡洛模拟解决问题的方法和在赌博中使用的分析方法一致，即通过大量的采样来模拟出某个随机变量的概率分布，进而求出该随机变量的期望值。

进行蒙特卡洛模拟首先要建立基本模型。考虑以下模型：

$$y = \beta_0 + \beta_1 x_1 + \beta_2 x_2 \tag{7.1}$$

确定了 x_1 和 x_2 的分布后就可以用计算机随机抽取 x_1 和 x_2，将其代入以上模型就可得到一个 y 的结果。进行大量采样，重复上述过程，就得出大量结果，得到 y 的分布，便能求得 y 的期望值。利用这种方法可以直接解决一些难以求得解析解或者没有解析解的问题，因此蒙特卡洛模拟在数学、金融工程、生物医药等领域都得到了广泛应用（李姣娜，2018）。

（二）蒙特卡洛模拟在期权定价中的应用

1. 单个标的变量的情形

对期权定价时，蒙特卡洛模拟是在风险中性世界中进行的，股票价格服从以下过程：

$$dS = \hat{\mu}Sdt + \sigma Sdz \tag{7.2}$$

其中，$\hat{\mu}$ 为风险中性世界的期望收益率，σ 为波动率，由哥萨诺夫定理可得现实世界的波动率和风险中性世界的波动率是相同的。考虑上式的离散形式：

$$\Delta S = \hat{\mu} S \Delta t + \sigma S \varepsilon \sqrt{\Delta t} \tag{7.3}$$

首先，在风险中性世界中从均值为 0 标准差为 1 的正态分布中随机抽取 ε，对 S 的路径进行随机抽样并计算出衍生产品收益的一个值。其次，用计算机多次重复这个过程，得到许多该衍生产品收益的样本。最后，计算衍生产品收益的均值并以无风险利率贴现，所得结果就等于现实世界中衍生品的价格。但在实际应用中通常对 $\ln S$，而不是直接对 S 进行模拟，因为相对于 S，$\ln S$ 更容易用正态分布描述。对于 $\ln S$，由伊藤引理可得：

$$d\ln S = \left(\hat{\mu} - \frac{\sigma^2}{2} \right) dt + \sigma dz \tag{7.4}$$

写成离散形式后，对于任意期限 T 有：

$$\ln S(T) - \ln S(0) \left(\hat{\mu} - \frac{\sigma^2}{2} \right) T + \sigma \varepsilon \sqrt{T} \tag{7.5}$$

即：

$$S(T) = S(0) \exp \left[\left(\hat{\mu} - \frac{\sigma^2}{2} \right) T + \sigma \varepsilon \sqrt{T} \right] \tag{7.6}$$

由此可以计算出衍生产品在 T 时刻的价格。

2. 多个标的变量的情形

本实验研究的篮筐式期权的收益与多个变量有关，而这些变量也会存在相关性。假设一个衍生产品的收益与 n 个变量 $\theta_i (1 \leq i \leq n)$ 有关，ρ_{ik} 为 θ_i 和 θ_k 之间的相关系数，那么 θ_i 和 θ_k 随机过程中的 ε_i 和 ε_k 就不是独立的随机变量，它们之间存在相关性且相关系数为 ρ_{ik}。因此，这时的 ε_i 应从多元正态分布中抽取。

假设一个衍生产品的收益与两个变量有关，且两个变量的相关系数为 ρ，那么需要抽取的随机变量 ε_1 和 ε_2 的相关系数为 ρ。首先可以在一元正态分布中抽取两个相互独立的样本 x_1 和 x_2，可以令：

$$\begin{cases} \varepsilon_1 = x_1 \\ \varepsilon_2 = \rho x_1 + x_2 \sqrt{1 - \rho^2} \end{cases} \tag{7.7}$$

生成所需的 ε_1 和 ε_2。而对于 n 元联合正态分布的随机样本，可通过乔里斯基分解得到所需的 $\varepsilon_i (1 \leq i \leq n)$。

四、欧式篮筐式期权定价的应用

（一）数据来源和数据处理

本实验从上交所选取了 10 只股票作为篮筐式期权的资产，分别为保利地产、工商银行、海尔智家、海螺水泥、恒瑞医药、上汽集团、伊利股份、中国联通、中国人寿和中国石化，分别把它们记为 s_1，s_2，s_3，$\cdots$，s_{10}。从通达信金融终端获取了这 10 只股票在 2020 年 2 月到 4 月每个交易日的收盘价数据。本实验假设这 10 只股票服从相关的几何布朗运动，因此必须引入这 10 只股票的协方差矩阵并进行乔里斯基分解。利用上述数据，在 MATLAB 软件中生成相关系数矩阵，结果如表 7-1 所示。

表 7-1　股票的相关系数数据

s_i	1	2	3	4	5	6	7	8	9	10
1	1.000	0.556	0.448	0.574	0.234	0.465	0.191	0.343	0.489	0.185
2	0.556	1.000	0.683	0.578	0.546	0.679	0.481	0.588	0.825	0.465
3	0.448	0.683	1.000	0.594	0.478	0.540	0.445	0.513	0.780	0.455
4	0.574	0.578	0.594	1.000	0.318	0.498	0.434	0.584	0.592	0.291
5	0.234	0.546	0.478	0.318	1.000	0.442	0.600	0.449	0.555	0.263
6	0.465	0.679	0.540	0.498	0.442	1.000	0.435	0.632	0.616	0.287
7	0.191	0.481	0.445	0.434	0.600	0.435	1.000	0.456	0.494	0.175
8	0.343	0.588	0.513	0.584	0.449	0.632	0.456	1.000	0.553	0.400
9	0.489	0.825	0.780	0.592	0.555	0.616	0.494	0.553	1.000	0.513
10	0.185	0.465	0.455	0.291	0.263	0.287	0.175	0.400	0.513	1.000

接下来构造多元联合正态分布的随机样本 ε_i（$1 \leqslant i \leqslant 10$）。可以由一元标准正态分布生成 10 个相互独立的随机样本 x_i（$1 \leqslant i \leqslant 10$），再通过以下方式构造 ε_i。

$$\begin{cases} \varepsilon_1 = \alpha_{11}x_1 \\ \varepsilon_2 = \alpha_{21}x_1 + \alpha_{22}x_2 \\ \varepsilon_3 = \alpha_{31}x_1 + \alpha_{32}x_2 + \alpha_{33}x_3 \\ \vdots \end{cases} \tag{7.8}$$

其中的系数 α_{ij} 可通过对相关系数矩阵进行乔里斯基分解获得，结果如表 7-2 所示。

表 7-2　乔里斯基分解结果

j	α_{1j}	α_{2j}	α_{3j}	α_{4j}	α_{5j}	α_{6j}	α_{7j}	α_{8j}	α_{9j}	α_{10j}
1	1	0.556	0.448	0.574	0.234	0.465	0.191	0.343	0.489	0.185
2	0	0.831	0.522	0.312	0.500	0.505	0.451	0.478	0.666	0.435
3	0	0	0.726	0.240	0.155	0.093	0.171	0.151	0.294	0.199
4	0	0	0	0.718	-0.013	0.072	0.199	0.282	0.046	0.002
5	0	0	0	0	0.819	0.081	0.373	0.133	0.076	-0.035
6	0	0	0	0	0	0.713	0.081	0.261	0.022	-0.049
7	0	0	0	0	0	0	0.739	0.030	0.014	-0.100
8	0	0	0	0	0	0	0	0.682	-0.010	0.174
9	0	0	0	0	0	0	0	0	0.471	0.172
10	0	0	0	0	0	0	0	0	0	0.814

那么本实验构造的多元联合正态分布的随机样本 ε_i（$1 \leqslant i \leqslant 10$）为：

$$\begin{cases} \varepsilon_1 = x_1 \\ \varepsilon_2 = 0.556x_1 + 0.831x_2 \\ \varepsilon_3 = 0.448x_1 + 0.522x_2 + 0.726x_3 \\ \vdots \end{cases} \quad (7.9)$$

其中，x_i（$1 \leqslant i \leqslant 10$）为相互独立的一元随机正态分布样本。

本实验用历史波动率估计未来的波动率，通过计算 2020 年 2 月到 4 月的历史波动率来估计 5 月到 7 月的波动率。先计算各只股票过去 3 个月每个交易日的历史波动率，再按每年 252 个交易日换算为年波动率。计算结果如表 7-3 所示。

表 7-3　股票的波动率

（单位:%）

s_i	波动率
1	33.42438
2	14.67275
3	36.63293
4	42.45884
5	30.93485
6	44.82992
7	32.23351
8	29.40613
9	35.94172
10	19.49718

本实验以各只股票在 2020 年 5 月第一个交易日的收盘价作为初始价格，同样从通达信金融终端获取数据。

表 7 – 4　股票的初始价格

（单位：元）

s_i	初始价格
1	5. 11
2	15. 22
3	59. 59
4	96. 42
5	19. 62
6	29. 17
7	15. 87
8	5. 25
9	27. 90
10	4. 43

本实验以 2020 年前 4 个月期限为 3 个月的 SHIBOR 的算术平均值为无风险利率，计算结果为 2.24% 。由于获取的数据为年利率数据，因此不能直接用连续复利贴现，而要运用公式：

$$1 + R = e^r \tag{7.10}$$

把年利率转换为连续复利利率。其中 R 为年利率，r 为连续复利利率。此时 R 为 2.24% ，经计算可得 r 为 2.22% ，即为无风险连续复利利率。

（二）计算结果

以看涨期权为例，规定各只股票的权重都为 10% ，执行价格为 25 元，期限为 3 个月。因为本实验研究的是欧式期权，所以不考虑提前行使期权的情形。

首先对组合中的 10 只股票分别进行蒙特卡洛模拟，得到各只股票在 2020 年 7 月最后一个交易日的收盘价。组合最终的价格为 10 只股票最终的加权平均价格，据此求出该组合在 2020 年 7 月最后一个交易日的收盘价并计算欧式篮筐式期权收益的期望值，最后用无风险利率贴现，得到欧式篮筐式看涨期权的价格。本实验用 MATLAB 软件进行计算，逐步增加模拟次数以得到更精确的结果，计算结果如表 7 – 5 所示。

表7-5 蒙特卡洛模拟计算结果

（单位：元）

模拟路径数	期权价格
50	3.1224
100	3.7218
500	3.2777
1000	3.1558
5000	3.1408
10000	3.1420
50000	3.1428

由于蒙特卡洛模拟的模拟路径数越大，所得结果的精确度越高，因此本实验选择模拟路径数为50000时的计算结果作为该篮筐式期权的价格。根据计算结果，本实验把期权价格定为3.14元。

五、结论

本实验用蒙特卡洛模拟法计算了以10只权重相等的股票构成的组合为标的资产，执行价格为25元，期限为3个月的欧式篮筐式看涨期权价格。通过增加模拟路径数，可得到当无风险利率不变且为2.24%时，欧式篮筐式看涨期权价格为3.14元。

参考文献

[1] SUN Y C, XU C L. A hybrid Monte Carlo acceleration method of pricing basket options based on splitting [J]. Journal of computational and applied mathematics, 2018, 342: 292 – 304.

[2] 刘守涛. 上证50ETF期权定价研究——基于多资产蒙特卡洛模拟 [D]. 苏州：苏州大学，2015.

[3] 方艳，张元玺，乔明哲. 上证50ETF期权定价有效性的研究：基于B-S-M模型和蒙特卡洛模拟 [J]. 运筹与管理，2017，26（8）：157-166.

[4] 李诗云，朱晓武. 雾霾指数期权合约设计及蒙特卡洛模拟定价 [J]. 系统工程理论与实践，2016，36（10）：2477-2488.

[5] 彭红枫，肖祖沔. 互联网保险的期权定价框架——基于Monte Carlo数值模拟分析 [J]. 保险研究，2016（5）：36-47.

[6] LÖTSTEDT P, PERSSON J, SYDOW VON L, et al. Space-time adaptive finite difference method for European multi-asset options [J]. Computers and mathematics with applications, 2007, 53 (8): 1159 – 1180.

［7］LARSSON E，AHLANDER K，HALL A. Multi-dimensional option pricing using radial basis functions and the generalized Fourier transform ［J］. Journal of computational and applied mathematics，2008，222（1）：175 – 192.

［8］戴钰. 多标的资产期权的 Monte Carlo 模拟方法及其应用研究 ［J］. 海南金融，2012（4）：39 – 42.

［9］陈辉. 期权定价的蒙特卡洛模拟方差缩减技术研究 ［J］. 统计与信息论坛，2008，23（7）：86 – 96.

［10］宋斌，林则夫，张冰洁. 基于多层次蒙特卡洛方法的巴黎期权定价 ［J］. 中国管理科学，2016，24（2）：11 – 18.

［11］DINGEÇ K D，HÖRMANN W. Control variates and conditional Monte Carlo for basket and Asian options ［J］. Insurance：mathematics and economics，2013，52（3）：421 – 434.

［12］李姣娜. 蒙特卡洛方法的原理及在数值计算方面的应用——以定积分为例 ［J］. 潍坊工程职业学院学报，2018，31（5）：104 – 108.

实验八
障碍期权的定价与风险计算

障碍期权是一种到期前就可能失效的特种期权，因此相对于标准期权来说更加便宜。在一些情况下，障碍期权比标准期权更能满足风险对冲需求，这使它们对金融市场的套期保值者特别有吸引力。本实验设计了一种以创业板指数为标的的障碍期权，利用二叉树模型对其进行了定价，对模型误差做出了修正，并针对收敛速度做出了一系列改进，最后对算法的不足进行了讨论与展望。结果显示，在价格误差修正和收敛速度方面，插值二叉树模型优于其他两个模型。

一、引言

（一）简介

障碍期权是一类特种期权，在路径依赖的期权中是最简单的类型之一。其生效过程受到一定限制，目的是把投资者的收益或损失控制在一定范围之内。相较于标准期权，障碍期权主要有以下三个优点。第一，障碍期权可能更符合投资者对资产未来走向的预计，投资者可以不必为他们认为不会出现的价格区间的部分浪费资金。第二，因为期权持有人被障碍所限制，必须满足条件才能获取回报，因此障碍期权的价格比标准期权更低，尤其是在波动率较高的情况下，障碍期权相对于标准期权往往可以提供很大的折扣区间。第三，在某些情况下，障碍期权会更接近对冲需求。比如当资产价格超过一定的障碍标准之后，投资者就不再需要该对冲期权了。

障碍期权的收益取决于到期之前采用的路径，由于它只取决于障碍点是否被触及，所以其路径的依赖度比较弱。障碍期权主要分为敲出期权与敲入期权。敲出期权是指在期权开始的时候是正常的期权，但当标的资产的价格达到约定的障碍水平时，期权失效。敲入期权则是指在期权开始的时候该期权无效，当标的资产价格达到特定障碍水平时变成一个常规的期权。此外，当障碍水平高于初始价格时，该期权称为向上期权。相反地，障碍水平低于初始价格时，该期权称为向下期权。本实验主要讨论的是向下敲出期权，即当标的价格下降到障碍水平之后，期权失效。

（二） 研究背景与文献综述

由于障碍期权的路径依赖的性质，经典的 B－S 方程不能直接被应用，但国内外学者使用了其他诸多方法对障碍期权进行了定价。Merton（1973）在他关于期权定价的论文中率先提出了障碍期权定价公式的推导。Boyle（1977）首先介绍了使用蒙特卡洛模拟研究期权定价的方法，其中使用标准期权对收益进行了模拟。Rich（1994）和 Wong（2003）分别在几何布朗运动（GBM）框架下对单资产障碍期权和多资产障碍期权的定价公式进行了推导。Gao（2000）分析推导了双向敲出障碍期权的定价公式。Zvan（2000）讨论了 Crank-Nicolson 方法对障碍期权定价的应用，并且运用反向 Euler 方法以避免不必要的波动。

国内学者对障碍期权定价的研究起步较晚，但近年来也取得了很大的进步。吴文青（2001）采用两点中心隐式差分格式，给出了基于 B－S 方程的向下触销型美式看涨期权的具体数值算法。李霞（2004）利用反射原理对障碍期权的定价问题进行了简化，从而最终给出障碍期权的定价公式。王莉等（2008）在标的资产价格服从跳扩散模型的假设下，运用 Girsanov 定理获得了价格过程的等价鞅测度，用期权定价的鞅方法得出障碍期权的定价公式。王杨等（2009）将双障碍期权的定价问题转化为单障碍期权和双边敲出期权的定价问题后，进行了计算。孙玉东等（2015）利用偏微分方程的摄动理论将障碍期权的 B-S 方程分解成一系列常系数抛物方程并求得了近似解。

（三） 实验内容

本实验针对障碍期权首先给出了基于基本二叉树模型、修正二叉树模型、插值二叉树模型的障碍期权定价模型，并针对所设计的创业板指数的股指障碍期权，运用三种方法进行定价，对不同模型不同步数二叉树结果进行了讨论。然后针对基本二叉树方法收敛过慢的问题，采用改进的插值二叉树进行了求解，改进后的二叉树方法单调收敛，收敛速度有了极大提高。最后本实验讨论了以上方法的不足之处，并针对性地提出了改进方法。

二、基于二叉树方法的障碍期权定价模型

二叉树模型是由 Cox，Ross 和 Rubinstein 于 1979 年首次提出的。在金融领域，二叉树模型通常通过数值方法进行估值。二叉树模型基于随机游走理论。模型假设在单个时间段内标的资产只能从其当前价格变动到两个可能的价格水平。根据历史股价的波动率模拟整个时期可能的发展路径，并对每个节点分别计算期权收益，最后经过贴现对期权进行定价。

（一） 基本二叉树方法的障碍期权定价模型

基本二叉树障碍期权算法演示图如图 8－1 所示。类似普通二叉树回溯法，计算障碍

期权各节点期权价值。首先令越过障碍水平的期权失效，然后计算终点的期权价值。接着回溯计算障碍水平以上的中间节点的期权价值。通过已知数值，计算出参数值，这样基于参数值可以得到各个节点的价格。具体计算步骤如下。

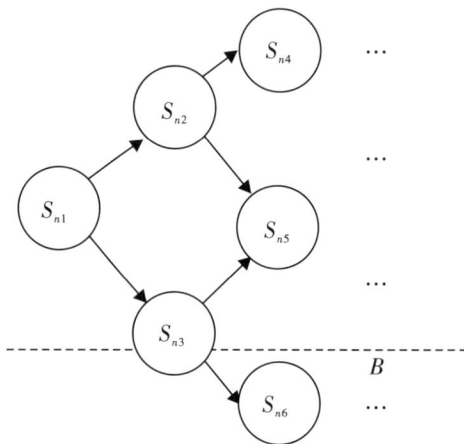

图 8 - 1　基本二叉树障碍期权的计算过程

（1）计算每个节点的价值。

$$T = 0 \text{ 时，} S_{n1} = S_0 \text{。}$$

$$T = 1 \text{ 时，} S_{n2} = u \times S_0 \text{；} S_{n3} = d \times S_0 \text{。}$$

$$T = 2 \text{ 时，} S_{n2} = d \times S_0 \text{；} S_{n4} = u^2 \times S_0 \text{；} S_{n5} = u \times d \times S_0 \text{；} S_{n6} = d^2 \times S_0 \text{。}$$

$$T = i \text{ 时，} S_{n\left[\frac{i(i+1)}{2}+1\right]} = u^i \times S_0 \text{；} S_{n\left[\frac{i(i+1)}{2}+2\right]} = u^{i-1} \times d \times S_0 \text{；} S_{n\left[\frac{(i+1)(i+2)}{2}\right]} = d^i \times S_0 \text{。}$$

（2）假设在 $T = i$ 时，$S_{n\left[\frac{(i+1)(i+2)}{2}\right]}$ 与 $S_{n\left[\frac{(i+1)i}{2}\right]}$ 在障碍水平 B 下，由向下敲出期权定义，将在障碍水平下的期权价值定义为0。

$$C_{n\left[\frac{(i+1)i}{2}\right]} = 0$$

$$C_{n\left[\frac{(i+1)(i+2)}{2}\right]} = 0$$

（3）计算障碍水平之上节点的期权值。

$$C_{n\left[\frac{(i+1)(i+2)}{2}-1\right]} = \max\left\{S_{n\left[\frac{(i+1)i}{2}+1\right]} - K,\ 0\right\}$$

$$C_{n\left[\frac{(i+1)i}{2}+1\right]} = \max\left\{S_{n\left[\frac{(i+1)i}{2}+1\right]} - K,\ 0\right\}$$

（4）像普通期权一样进行回溯计算，举例如下：

$i - 1$ 时刻：

$$C_{n\left[\frac{(i-1)i}{2}+1\right]} = e^{-r\delta t}\left\{p^i C_{\left[\frac{i(i+1)}{2}+1\right]} + p^{i-1}(1-p)C_{n\left[\frac{i(i+1)}{2}+2\right]}\right\}$$

$$\vdots$$

$$C_{n\left[\frac{i(i+1)}{2}-1\right]} = e^{-r\delta t}\left\{p^2(1-p)^{i-2}C_{n\left[\frac{(i+1)(i+2)}{2}-2\right]} + p(1-p)^{i-1}C_{n\left[\frac{(i+1)(i+2)}{2}-1\right]}\right\}$$

1 时刻：

$$c_{n2} = e^{-r\delta t}\left[pc_{n4} + (1-p)c_{n5}\right]$$

$$c_{n1} = e^{-r\delta t}\left[pc_{n2} + (1-p)c_{n3}\right]$$

（5）计算参数值，基于参数值计算各节点期权价值。

实际情况是指数价格每时每刻都在波动，因此在时间跨度较长时二叉树模拟精度较低。随着步数的增加，模拟的波动会更加接近真实情况，即步数越多，结果越接近期权的真实价值。

（二）修正二叉树方法

在基本的二叉树方法中，一旦确定了网格，标的价格也就会随网格确定，这时如果在网格上不存在与行权价格或障碍水平一致的价格，那么就要将行权价格或障碍水平移动到最近的标的价格上进行计算，这就会导致最终的期权价格估计与实际价格有一定的偏差。

Boyle（1986）在论文中提出了一个改进方法。设步数等于 $F(m)$，假定 $m+1$ 步后刚好经过障碍水平，即 $S_d^m > B > S_d^{m+1}$，新的步数为 $F(m) = \dfrac{m^2\sigma^2 T}{\log\dfrac{S}{B}}$，这样障碍水平会非常靠近

且刚好在某一个节点上方，这样的划分也会刚好使有 m 个价格在障碍水平之上，可以避免所谓的"规定误差"，示意过程如图 8-2 所示。

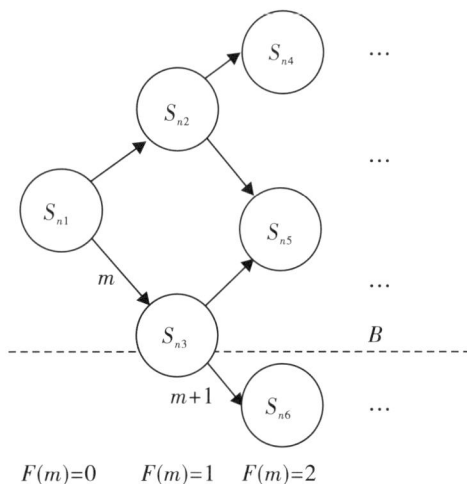

图 8-2　修正二叉树障碍期权的计算过程

具体算法是将 m 取值从小到大，运用公式计算 $F(m)$，新的步数 N 取 $F(m)$ 的四舍五入值，然后计算相应的二叉树期权价格。

（三）插值二叉树方法

在上面的二叉树方法中，收敛速度十分缓慢，这是由于树图设定的障碍与真实障碍有

所不同。在这里将障碍水平附近的节点形成的障碍分为两类，靠近中心部分的节点形成的障碍称为内部障碍，在真实障碍之外的节点形成的障碍称为外部障碍。然后分别假设真实障碍是内部障碍与外部障碍，计算两次不同的期权价格 V_1，V_2，这样可以避免所谓的"规定误差"，然后通过两者计算真实障碍插值：

$$V_T = V_1 + (B - B_1)\frac{V_2 - V_1}{B_2 - B_1}$$

其中，V_1，V_2 代表通过内部障碍与外部障碍计算得到的期权价格，B_1，B_2 代表内部障碍水平与外部障碍水平。

在基本二叉树障碍期权计算方法里，假设在 $T = i$ 时，$S_{n\left[\frac{(i+1)(i+2)}{2}\right]}$ 与 $S_{n\left[\frac{(i+1)i}{2}\right]}$ 在障碍水平 B 下，由向下敲出期权定义，将在障碍水平下的期权价值定义为 0。$c_{n\left[\frac{(i+1)i}{2}\right]}$ 为内部障碍，$c_{n\left[\frac{(i+1)(i+2)}{2}\right]}$ 为外部障碍。

首先，先计算将内部障碍当成真实障碍时的期权价格。此时，计算方法与基本二叉树方法类似。接着将外部障碍当成真实障碍，计算期权价格。同样地，对于在障碍水平下的 $c_{n\left[\frac{(i+1)(i+2)}{2}\right]} = 0$，计算终点价值 $\max(S - K, 0)$，接着回溯计算障碍水平以上的中间节点的期权价值如下：

$i - 1$ 时刻：

$$C_{n\left[\frac{(i-1)i}{2}+1\right]} = \mathrm{e}^{-r\delta t}\left\{ p^i C_{n\left[\frac{i(i+1)}{2}+1\right]} + p^{i-1}(1-p)C_{n\left[\frac{i(i+1)}{2}+2\right]} \right\}$$

$$C_{n\left[\frac{i(i+1)}{2}-1\right]} = \mathrm{e}^{-r\delta t}\left\{ p^2(1-p)^{i-2}C_{n\left[\frac{(i+1)(i+2)}{2}-2\right]} + p(1-p)^{i-1}C_{n\left[\frac{(i+1)(i+2)}{2}-1\right]} \right\}$$

1 时刻：

$$c_{n2} = \mathrm{e}^{-r\delta t}\left[pc_{n4} + (1-p)c_{n5} \right]$$

$$c_{n1} = \mathrm{e}^{-r\delta t}\left[pc_{n2} + (1-p)c_{n3} \right]$$

基于上述计算值，计算真实障碍水平下的期权价格：

$$V_T = V_1 + (B - B_1)\frac{V_2 - V_1}{B_2 - B_1}$$

将上面得到的结果代入得到 V_T 的值。

通过这样的插值方法，本实验得到了一个快速收敛和修正价格误差的算法。

三、障碍期权标的选取：创业板指数

股指期权是以股票价格指数为标的的期权，它是指期权购买者付给期权的出售方一笔期权费，以取得在未来某个时间或该时间之前，以某种价格水平买进或卖出某种股票指数合约的选择权。从投资者角度，股指期权具有风险管理、价格发现、套利及投机四大功能。创业板市场具有高风险和高收益的特点，其中高风险来自市场风险和自身风险。创业板公司多处于创业及成长期，经营业绩不稳定，未来获利能力不明，但市场对其有着高预期和高估值，相比主板风险更高。其中，值得注意的是直接退市风险。创业板市场不存在ST阶段，也不像主板那样要求必须进入代办股份转让系统，一旦退市，投资者手持股票的流动性和价值都将急剧降低甚至归零。创业板指数（399006. SZ）是深交所多层次资本市场的核心指数之一，由创业板中市值大、流动性好的100家创业板上市企业股票组成，市盈率小幅高于近5年中位数。

基于创业板市场高收益、高风险的特征，并根据我国创业板市场的其他特点以及借鉴海外股指期权的经验，本实验设计以创业板指数为标的的障碍期权，去满足具有相对成熟投资理念和市场分析能力的投资者的组合投资需求。

四、基于创业板指数的障碍期权设计与实证

（一）基于创业板指数的障碍期权设计

本实验以创业板指数为标的资产，设计如下障碍期权。由于我国现在没有相应的创业板指数障碍期权，就以一点位指数对应一元人民币为例，以2020年6月1日的创业板指数为初始价格，即 $S_0 = 2105$，期权行权价格 $K = 2105$，由 CSMAR 数据库得到 2019 年 6 月 1 日至 2020 年 6 月 1 日创业板指数日收益率数据，计算得到日标准差 $\sigma_0 = 0.017$，则年标准差为 $\sigma_0 \times \sqrt{252}$，得到标准差 $\sigma = 0.27$。无风险利率取 CSMAR 数据库无风险利率 $r = 1.5\%$，时长 $T = 1$，期数 N，障碍水平 $B = 2000$。

（二）创业板指数的障碍期权价格计算

下面以两步二叉树算法为例，计算创业板指数的障碍期权价格。计算二叉树的参数，将前文数值代入下面的公式：

$$u = e^{\sigma\sqrt{\delta t}}, \quad d = e^{-\sigma\sqrt{\delta t}}, \quad p = \frac{e^{r\delta t} - d}{u - d}$$

得到，$u = 1.2104$，$d = 0.8262$，$p = 0.472011$。

1. 基本二叉树的创业板指数障碍期权价格计算

当 $u = 1.2104$，$d = 0.8262$，$p = 0.472011$ 时，可以得到二叉树的各个节点的价格如图 8-3 所示：

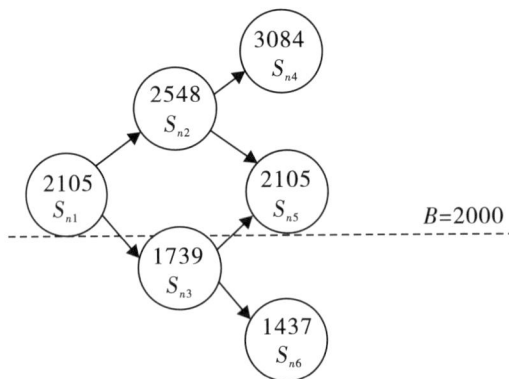

图 8-3 基本二叉树各节点的价格

现在计算创业板指数障碍期权各节点期权价值，越过障碍水平的期权失效，因此 $c_{n3} = 0$，$c_{n6} = 0$。然后计算终点的期权价值为 $\max(S - K, 0)$，所以有 $c_{n4} = 979$，$c_{n5} = 0$。接着回溯计算障碍水平以上的中间节点的期权价值。

$$c_{n2} = e^{-r\delta t} [pc_{n4} + (1 - p) c_{n5}]$$

$$c_{n1} = e^{-r\delta t} [pc_{n2} + (1 - p) c_{n3}]$$

计算得到 $c_{n2} = 458.6$，$c_{n1} = 214.9$。

即创业板指数障碍期权的各节点期权价值如图 8-4 所示。

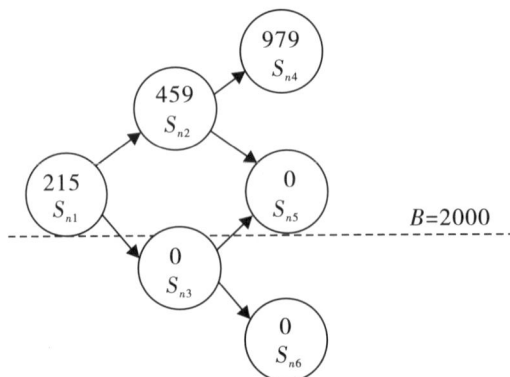

图 8-4 基本二叉树各节点的期权价值

在上述两步二叉树里，假定在一年内，价格只会产生两次波动，而实际情况是指数价格每时每刻都在波动，因此在时间跨度较长时两步二叉树模拟精度较低。随着步数的增加，模拟的波动会更加接近真实情况，即步数越多，结果越接近期权的真实价值。

运用 MATLAB 程序得到多步二叉树的期权定价，运行结果如表 8 - 1 所示：

表 8 - 1　多步二叉树方法的期权定价

步数	2	3	5	10	20	100	1000	10000	100000
价格	214.82	217.56	186.25	145.26	112.5	102.94	98.61	98.72	98.62

由运行结果可知，随着步数增加，期权价格逐渐趋于稳定，定价在 98.6 左右。

2. 修正二叉树的创业板指数障碍期权价格计算

当 $u = 1.2104$，$d = 0.8262$，$p = 0.472011$ 时，从 1 开始为 m 取值，以 $m = 1$ 为例，运用公式 $F(m) = \dfrac{m^2 \sigma^2 T}{\log \dfrac{S}{B}}$ 计算 $F(m)$，可以得到期权价格为 189.9。运用公式计算 $F(m)$，新的步数 N 取 $F(m)$ 的四舍五入值，然后计算相应的期权价格。具体算法是为 m 从小到大取值，运用公式计算 $F(m)$，新的步数 N 取 $F(m)$ 的四舍五入值，然后计算相应的期权价格。代入本实验创业板指数期权的参数，我们可以得到结果如表 8 - 2 所示：

表 8 - 2　修正二叉树方法的计算价格

m	1	2	3	4	5	6	7	8	9	10
价格	189.9	117.2	103.3	100.3	99.31	99.42	98.95	98.72	98.63	98.62

可以发现，除去修正误差方面，这种修正方法相对更快收敛且更易实现。但是从中也可以看到，计算结果并非单调收敛，收敛速度虽略有提高，但整体运行速度依然较慢，对计算机算力要求依然很高，极大地限制了求解期权价值的能力。因此本实验试图寻求一种能达到更快收敛速度的方法。

3. 插值二叉树的创业板指数障碍期权价格计算

在上面的二叉树方法中，收敛速度十分缓慢，这是由于树图设定的障碍与真实障碍有所不同。同样以之前的基于创业板指数的向下敲出障碍期权为例，为了便于演示新的算法，设 $S_0 = 2105$，$K = 2005$，$\sigma = 0.27$，$r = 1.5\%$，$T = 1$，$N = 2$，$B = 1700$，$u = e^{\sigma \sqrt{\delta t}}$，$d = e^{-\sigma \sqrt{\delta t}}$，$p = \dfrac{e^{r \delta t} - d}{u - d}$，将上述数值代入得到相同的结果，$u = 1.2104$，$d = 0.8262$，$p = 0.472011$。由此得到各节点价格如图 8 - 5 所示：

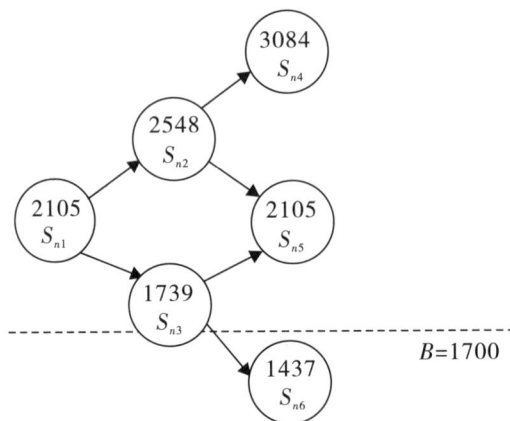

图 8 – 5　插值二叉树各节点的价格

在这个例子里，$n3$ 即为内部障碍，$n6$ 为外部障碍。

（1）首先计算将内部障碍当成真实障碍时的期权价格。因此在障碍水平下的 $c_{n3} = 0$，$c_{n6} = 0$。与基本二叉树一样计算终点价值，$\max(S - K, 0)$，所以有 $c_{n4} = 1079$，$c_{n5} = 100$。接着回溯计算障碍水平以上的中间节点的期权价值。

$$c_{n2} = \mathrm{e}^{-r\delta t} \left[p c_{n4} + (1 - p) c_{n5} \right]$$

$$c_{n1} = \mathrm{e}^{-r\delta t} \left[p c_{n2} + (1 - p) c_{n3} \right]$$

计算得到 $c_{n2} = 557.9$，$c_{n1} = 261.3$。

（2）接着将外部障碍当成真实障碍，计算期权价格。同样地，在障碍水平下的 $c_{n6} = 0$，计算终点价值，$\max(S - K, 0)$，所以有 $c_{n4} = 1079$，$c_{n5} = 100$。接着回溯计算障碍水平以上的中间节点的期权价值。

$$c_{n3} = \mathrm{e}^{-r\delta t} \left[p c_{n5} + (1 - p) c_{n6} \right]$$

$$c_{n2} = \mathrm{e}^{-r\delta t} \left[p c_{n4} + (1 - p) c_{n5} \right]$$

$$c_{n1} = \mathrm{e}^{-r\delta t} \left[p c_{n2} + (1 - p) c_{n3} \right]$$

计算得到 $c_{n3} = 46.8$，$c_{n2} = 557.9$，$c_{n1} = 285.9$。

（3）计算真实障碍水平下的期权价格。

$$V_T = V_1 + (B - B_1) \frac{V_2 - V_1}{B_2 - B_1}$$

将上面得到的结果代入得到 $V_T = 264.5$。

通过这样的插值方法，本实验得到了一个快速收敛的算法。利用该算法计算原问题，即 $S_0 = 2105$，$K = 2105$，$\sigma = 0.27$，$r = 1.5\%$，$T = 1$，$N = 2$，$B = 2000$，通过 MATLAB 程序计算后得到结果如表 8 - 3 所示：

表 8 - 3　修正二叉树的计算价格和收敛速度

步数	100	500	1000	2000	3000	4000	5000	10000
价格	96.7034	98.3145	98.5734	98.6002	98.6132	98.6144	98.6145	98.6145

如表 8 - 3 所示，修正二叉树相对于基本二叉树收敛更快，计算效率更高。

（三）MATLAB 计算

总体来看，$S_0 = 2105$，$K = 2105$，$\sigma = 0.27$，$r = 1.5\%$，$T = 1$，$N = 2$；步数 = 2，3，5，10，20，100，1000，10000，100000；$m = 1$，2，3，…，10；$B = 2000$，通过 MATLAB 程序（见附录）分别计算期权定价。运行结果如表 8 - 4 所示：

表 8 - 4　不同方法的计算结果

基本二叉树创业板指数障碍期权价格								
步数	2	3	5	10	20	100	1000	10000	100000
价格	214.82	217.56	186.25	145.26	112.5	102.94	98.61	98.62	98.62

修正二叉树创业板指数障碍期权价格								
m	1	2	3	4	5	6	7	8	9	10
价格	189.9	117.2	103.3	100.3	99.31	99.42	98.95	98.72	98.63	98.62

插值二叉树创业板指数障碍期权价格								
步数	100	500	1000	2000	3000	4000	5000	10000
价格	96.70	98.31	98.57	98.60	98.61	98.61	98.61	98.61

（四）方法可行性分析

当初始价格为 2105 时，当障碍水平等于 2000 时，期权价值是 214.9；当障碍水平等于 1700 时，可知期权价值是 264.5。不难看出，障碍水平越远离初始价格，期权价格越高。

从表 8 - 4 可以看出，用基本二叉树方法计算价格，当步数增加到 1000 步时，期权价格逐渐趋于稳定，定价在 98.6 左右。用修正二叉树方法计算价格，当 $m = 9$ 时，期权价格逐渐趋于稳定，定价在 98.6 左右。用插值二叉树方法计算价格，当步数 = 2000 时，期权价格逐渐趋于稳定，定价在 98.6 左右。

插值二叉树方法的价格变动从 96.7 开始，修正二叉树方法价格变动从 189.9 开始，基本二叉树方法的价格变动从 214.8 开始。不难看出，修正二叉树方法和插值二叉树方法对基本二叉树价格的误差进行了修正，而且，插值二叉树方法比修正二叉树误差修正得更优。

当算法非单调收敛时，步数逐渐增大，运算速度越慢。为得到稳定期权价格，从表8-4可以看出，基本二叉树方法速度很慢；修正二叉树方法收敛速度虽略有提高，但整体运行速度依然较慢，对计算机算力要求依然很高，极大地限制了求解期权价值的能力；插值二叉树方法相对于其他两种方法收敛更快，计算效率更高。

通过比较上述三种二叉树算法的计算结果，我们可以发现：①步数越多，精度越高。②障碍水平越远离初始价格，期权价值越高。③行权价格越低，期权价值越高。结果符合理论预期。相比于其他两种方法，插值二叉树方法计算不仅速度最快，误差修正方面也最优。所以，插值二叉树方法计算障碍期权价格是可行的。

五、算法的不足与改进

（1）本实验讨论的价格变动只是基于构造的网格上的价格变动，标的价格被局限在构造出来的网格上，即使可以通过增加步数、加密网格来近似地减小这种影响，这依然是二叉树方法难以避免的一个问题。

（2）二叉树模型没有考虑到标的价格不变的情况，事实上在现实生活中，标的价格可以是不变的，与上涨下跌一样，有一定的横盘概率，而二叉树模型规定标的资产必须变动，这个假设并不符合实际情况。为此，三叉树模型可以弥补二叉树模型这一缺点，把每个节点的价格变动分为上涨、不变与下跌，这个假设相对于二叉树模型更符合实际情况。随之而来的不足就是分支变得更多，对计算机算力与计算时间的要求更高。

（3）二叉树模型设定在一定时间内标的价格只会向上、下两个方向移动，而更符合实际情况的是标的价格会落在两个价格范围上的任意值。

六、风险分析

（一）敏感性分析

1. 标的资产波动率的敏感性分析

$$\Delta_1 = \frac{V^* - V}{\sigma^* - \sigma}$$

该指标用来衡量标的价格波动率的变化对期权价值的影响，也被称为 *Vega* 指标。在公式中，V 与 σ 分别代表初始计算得到的期权价值与原波动率。V^* 代表使用波动率 σ^* 计算得到的期权价值，σ^* 的取值在 0.1~0.5 之间。使用 MATLAB 得到在不同指数下的图像如图 8 -6 所示：

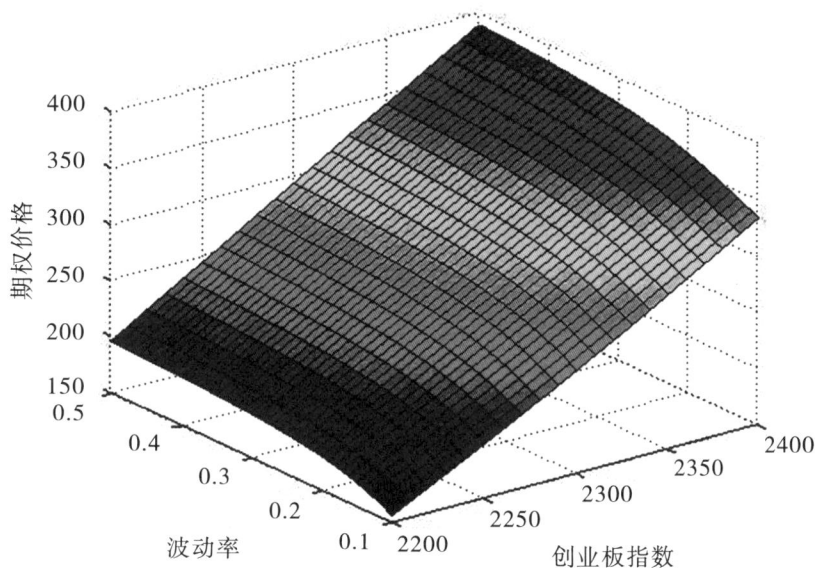

图 8 -6 标的资产波动率的影响

由图 8 -6 可以看到，波动率选取了 0.1~0.5，创业板指数选取了 2200~2400。标的资产波动率的上升导致了期权价格的上升。这是由于波动率变大使期权获利的概率与价值变大，而由于期权的特性，标的资产下降时最大损失以期权费用为限，因此，标的资产波动率上升会导致期权价格的上升，分析结果与理论结果一致。同时我们可以看到当波动率越大时，期权价格的变化幅度变小，说明波动率在一定幅度内时，期权价格变大，当波动率过大时，风险变大带来的副作用会导致期权价格变化幅度变小。从图 8 -6 中可以看到，波动率的变化对期权价格影响较大，因此选择合适的波动率对期权定价意义重大，文中选择的是历史波动率，也可以考虑用 GARCH 模型预测波动率优化模型。

2. 无风险利率的敏感性分析

$$\Delta_2 = \frac{V^* - V}{r^* - r}$$

相似地，该指标用来衡量无风险利率的变化对期权价值的影响，也被称为 *Rho* 指标。在公式中，V 与 r 分别代表初始计算得到的期权价值与原无风险利率。V^* 代表使用无风险利率 r^* 计算得到的期权价值，r^* 的取值在 0.01~0.1 之间。使用 MATLAB 得到不同指数下的图像如图 8 -7 所示：

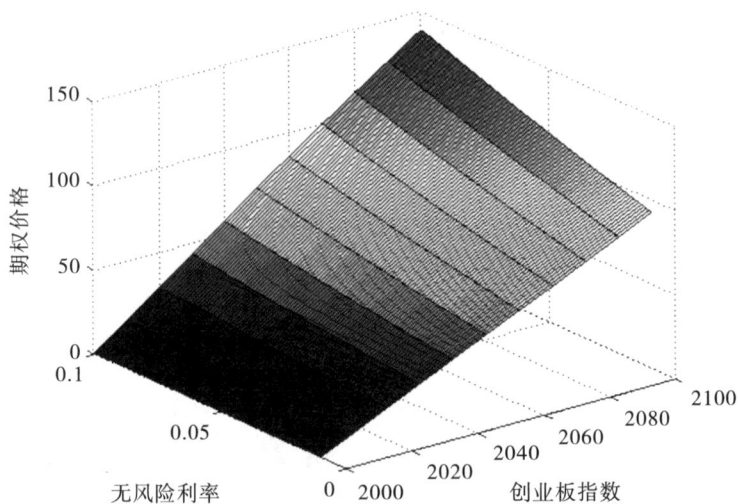

图 8-7 无风险利率的影响

由图 8-7 可以看到，随着无风险利率的增大，期权价格随之增大。这主要是由于我们选取的创业板指数为 2000 ~ 2100，初始价格低于障碍水平 2000 时，期权价格为 0。当指数为 2100 以下时，期权为看涨期权。在看涨期权中，无风险利率的升高会导致行权价格的现值降低，从而增加看涨期权价格。同时由于投资标的需要占用资金，在高利率的情况下，投资并持有带来的资金成本变大，因此购买期权的吸引力变大，期权价值变高。

3. 障碍水平变化率的敏感性分析

$$\Delta_3 = \frac{V^* - V}{B^* - B}$$

该指标用来衡量障碍水平的变化对期权价值的影响。在公式中，V 与 B 分别代表初始计算得到的期权价值与原障碍水平。V^* 代表使用障碍水平 B^* 计算得到的期权价值，B^* 取值在 1400 ~ 2000 之间。使用 MATLAB 得到在不同指数下的图像如图 8-8 所示：

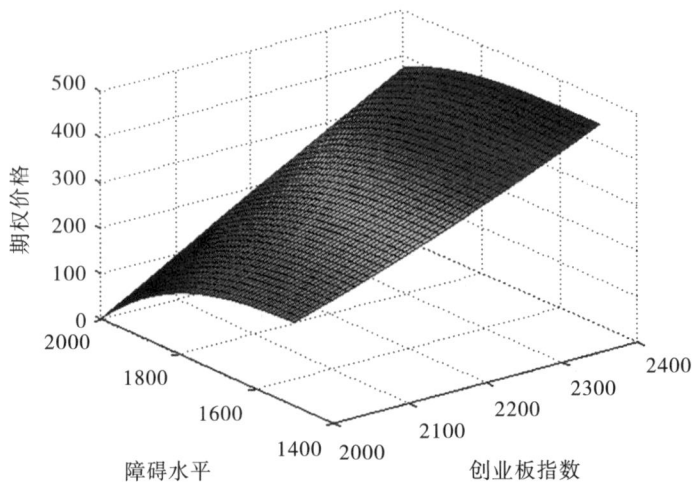

图 8-8 障碍水平变化率的影响

由图 8 - 8 可以看出，障碍水平越高，期权价值越低。期权价值与障碍水平呈负相关关系。究其原因，是由于障碍水平越高，标的价格敲出的概率越高，因此期权价值变低。同时可以发现，障碍水平越高，期权价格衰减程度越快。这是由于障碍水平越靠近初始价格，敲出的可能性增加越大。当障碍水平过低时，会使期权价格接近标准期权，失去障碍意义，因此选择合适的障碍水平是一个值得进一步探讨的课题。

4. 产品期限敏感性分析

$$\Delta_4 = \frac{V^* - V}{T^* - T}$$

同样地，该指标用来表示期权期限的变化对期权价值的影响，也被称为 *Theta* 指标。在公式中，V 与 T 分别代表初始计算得到的期权价值与原产品期限。V^* 代表使用期限 T^* 计算得到的期权价值，T^* 取值在 $0 \sim 1$ 之间。使用 MATLAB 得到在不同指数下的图像如图 8 - 9 所示：

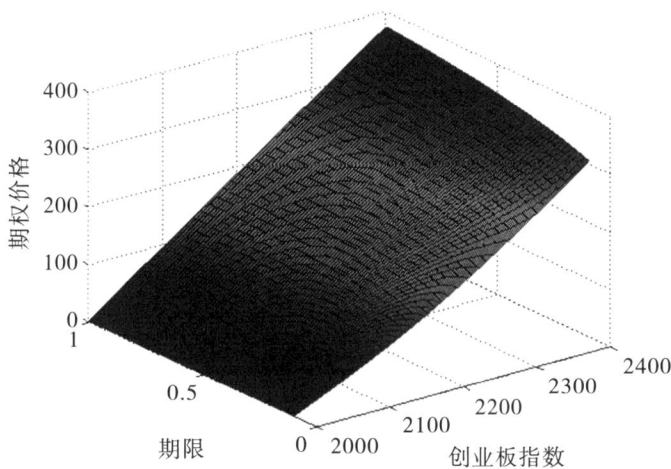

图 8 - 9 产品期限的影响

可以看到，随着产品期限的增加，期权价格随之增大。在期权定价中，时间期限越长，说明期权获利可能性越大，此外，期权的时间价值也会随之升高，因此期权价格变高。由于期权产品发行的一般为系列产品，期限相对固定，因此考虑定价影响因素时可以着重讨论其他因素。

5. 标的价格敏感性分析

$$\Delta_5 = \frac{V^* - V}{S_0^* - S_0}$$

该指标用来衡量障碍水平的变化对期权价值的影响，也被称为 *Delta* 指标。在公式中，V 与 S_0 分别代表初始计算得到的期权价值与原标的价格。V^* 代表使用标的价格 S_0 计算得到

的期权价值。由上面四个因素的敏感性分析图像可以看到，随着标的初始价格的增加，一方面期权价值＝实际价格－行权价格，因此期权价值变高，另一方面随着标的价格的增加，期权敲出的可能性变小，因此期权价值也会增大。可以看到，标的价格对该产品影响比例很高，究其原因，一方面是由于该期权行权价格与标的价格在设计的时候不挂钩，因此标的价格的单方面增加会大幅提高期权的价值。鉴于本实验最初设计的期权为平值期权，可考虑行权价格与标的初始价格挂钩。另一方面是由于标的初始价格的增加使价格远离了障碍水平，期权敲出可能性降低，因此期权价格上涨。

（二）其他风险分析

1. 市场风险

（1）创业板指数的价格风险。由于创业板市场是为高增长公司设立的，且上市条件相对主板较为宽松，因此创业板本身就是一个高风险的板块。以 2019 年为例，创业板指数增长接近50％，指数价格的大幅波动会导致期权价格的大幅波动，增大投资风险。同时例如央行降息、政策变化等因素都会导致市场风险的变动。

（2）系统性风险。因经济增长放缓以及疫情影响等原因，包括期权在内的各个金融领域的系统性风险较往年都有大幅增加。

2. 信用风险

（1）证券公司违规风险。曾有证券公司违规挪用客户资金，打击市场投资者信心，可通过完善监管机制，明确规范资金使用范围等方法控制。

（2）交易对手违规风险，指交易对手违反合同规定，在发生亏损时单方面违约。一般在场内市场，由于规范性和准入条件要求较高，风险较低。风险一般多发于场外市场。在交易时尽量选择信誉较好的交易对手以避免违约风险。

3. 流动性风险

流动性风险指证券公司无法满足短期的流动性需求，证券与固定资产无法快速变现而导致无法偿付。由于国内场内市场准入条件较为严格，各大证券的偿付能力一般较强，流动性较好。对于投资者来说，流动性风险是期权在期限内无法变现，可能会导致个人的资金流动性枯竭。而由于全球经济衰退与疫情原因，2020 年上半年全球金融公司出现流动性大幅降低的情况，这值得投资者们注意。

七、结语

本实验设计了三种二叉树计算创业板指数的障碍期权价格的方法，通过对该期权的计算，展示了二叉树方法在障碍期权定价上的应用。相比于基本二叉树模型和修正二叉树模型，插值二叉树模型不仅在价格误差修正方面是最优的，而且在计算收敛速度方面也是最优的。本实验还利用 MATLAB 程序对三个模型进行了创业板指数障碍期权的实证，结果说明二叉树方法计算障碍期权价格符合预期，是可行的。算法的不足之处已在文中进行了相应的讨论并提供了改进思路。最后笔者分析了风险与障碍期权的价格的关系，使得期权定价更加合理。

参考文献

［1］MERTON R C. Theory of rational option pricing ［J］. The bell Journal of economics and management science，1973，4（1）：141 −183.

［2］RICH D R. The mathematical foundation of barrier option-pricing theory ［J］. Advances in futures and options research，1994（7）：267 −311.

［3］WONG H Y，KWOK Y K. Multi-asset barrier options and occupation time derivatives ［J］. Applied mathematical finance，2003，10（3）：245 −266.

［4］GAO B，HUANG J Z. The valuation of American barrier options using the decomposition technique ［J］. Journal of economic dynamics and control ，2000，24（11 − 12）：1783 −1827.

［5］ZVAN R，VETZAL K，FORSYTH P A. PDE methods for pricing barrier options ［J］. Journal of economic dynamics and control，2000，24（11）：1563 −1590.

［6］BROCKMAN P，TURTLE H J. A barrier option framework for corporate security valuation ［J］. Journal of financial economics，2003，67（3）：511 −529.

［7］CARR P. Two extensions to barrier option valuation ［J］. Applied mathematical finance，1995，2（3）：173 −209.

［8］CHIARELLA C，KANG B，MEYER G H. The evaluation of barrier option prices under stochastic volatility ［J］. Computers & mathematics with applications，2012，64（6）：2034 −2048.

［9］LYUU Y D. Very fast algorithms for barrier option pricing and the ballot problem ［J］. Journal of derivatives，1998，5（3）：68 −79.

［10］李霞，金治明. 障碍期权的定价问题 ［J］.经济数学，2004，21（3）：200 −208.

［11］王莉，杜雪樵. 跳扩散模型下的欧式障碍期权的定价 ［J］.经济数学，2008，25（3）：248 −253.

［12］王杨，张寄洲，傅毅. 双障碍期权的定价问题 ［J］.上海师范大学学报：自然科学版，2009（4）：347 −354.

［13］孙玉东，师义民，童红. 基于摄动理论的障碍期权定价 ［J］.应用数学学报，2015，38（1）：67 −79.

［14］吴文青，吴雄华. 美式障碍期权定价的数值方法 ［J］.同济大学学报：自然科学版，2001，29（8）：970 −976.

［15］BOYLE P P. Option valuation using a three jump process ［J］. International options journal，1986（3）：7 −12.

［16］BOYLE P P. Options：a Monte Carlo approach ［J］. Journal of financial economics，1977，4（3）：323 −338.

附 录

---

1. 基本二叉树法 MATLAB 程序

```
function barrier(S,K,sigma,r,T,N,B)
delta=T/N;
u=exp(sigma*sqrt(delta));
d=1/u;
p=(exp(r*delta)-d)/(u-d);
erT=exp(-r*delta);
p_u=erT*p;
p_d=erT*(1-p);
sv=zeros(2*N+1,1);
sv(1)=S*d^N;
fori=2:2*N+1
sv(i)=u*sv(i-1);
end
cv=zeros(2*N+1,1);
fori=1:2:2*N+1
ifsv(i)<=B
        cv(i)=0;
else
        cv(i)=max(sv(i)-K,0);
end
end
for temp=1:N
fori=(temp+1):2:(2*N+1-temp)
ifsv(i)<=B
          cv(i)=0;
else
          cv(i)=p_u*cv(i+1)+p_d*cv(i-1);
end
end
end
Price=cv(N+1);
disp('步数：');
disp(N);
```

```matlab
disp('期权价格：');
disp(Price);
end
```

2. 改进的二叉树算法

```matlab
functioninbarrier(S,K,sigma,r,T,N,B)
dt=T/N;
dx=sigma*sqrt(2*dt);
erT=exp(-r*dt);
pu=(((exp((r*dt)/2)-exp(-sigma*sqrt(dt/2))) /(exp(sigma*sqrt(dt/2))-
exp(-sigma*sqrt(dt/2))))^2);
pd=(((exp(sigma*sqrt(dt/2))-exp((r*dt)/2))
/(exp(sigma*sqrt(dt/2))-exp(-sigma*sqrt(dt/2))))^2);
pm=1-pu-pd;
p_u= erT*pu;
p_d=erT*pd;
p_m=erT*pm;
exp_dx=exp(dx);
SPT=zeros(2*N+1,1);
SPT(1)=S*exp(-N*dx);
for j=2:2*N+1
    SPT(j)=exp_dx*SPT(j-1);
end
t=mod(N,2)+1;
for j=1:2*N+1
if SPT(j,t)>=B
        outer=SPT(j,t);
break
end
end
for j=1:2*N+1
if SPT(j,t)>=outer
        inner=SPT(j-1,t);
break
end
end
```

```
OV2=zeros(2*N+1,2);
for j=1:2*N+1
if SPT(j,t) <=outer
OV2(j,t)=0;
else
OV2(j,t)=max(SPT(j,t)-K,0);
end
end
for t=N-1:-1:0;
    knows= mod(t,2)+1;
knexts=mod(t+1,2)+1;
for j=N-t+1:N+t+1
if SPT(j)<=outer
            OV2(j,knows)=0;
else
            OV2(j,knows)=p_d*OV2(j-1,knexts)+p_m*OV2(j,knexts)+
p_u*OV2(j+1,knexts);
end
end
end
foutb=OV2(N+1,1);
SpT2=zeros(2*N+1,1);
SpT2(1)=S*exp(-N*dx);
for j=2:2*N+1
    SpT2(j)=exp_dx*SpT2(j-1);
end
t=mod(N,2)+1;
OV=zeros(2*N+1,2);
for j=1:2*N+1
if SpT2(j,t) <=inner
OV(j,t)=0;
else
        OV(j,t)=max(SpT2(j,t)-K,0);
end
end
for t=N-1:-1:0;
```

```
              knows= mod(t,2)+1;
knexts=mod(t+1,2)+1;
for j=N-t+1:N+t+1
if SpT2(j)<=inner
              OV(j,knows)=0;
else
              OV(j,knows)=p_d*OV(j-1,knexts)+p_m*OV(j,knexts)+
p_u*OV(j+1,knexts);
end
end
end
finb=OV(N+1,1);
final=finb +(B-inner)*((foutb - finb)/(outer - inner));
display(final);
```

3. 风险分析部分画图代码

```
clear;
n=0;
  for B=1500:10:2000
      n=n+1;
      n2=0;
  for j=2000:10:2400
n2=n2+1;
          V(n,n2)=inbarrier(j,2105,0.27,0.015,1,1000,B);
end
  end
x=1500:10:2000;
y=2000:10:2400;
[xx,yy]=meshgrid(y,x);
tt=1:length(x);
tt2=1:length(y);
zz=V(tt,tt2);
surf(xx,yy,zz);
xlabel('创业板指数')
ylabel('障碍水平')
zlabel('期权价格')
```